글 양모이

목차

들어가는 글 · 4

Part 1. 낭만 가득 대학시절

화려한 독립, 보증금 100에 월세 15만 원 · 9
'찐' 고시원 생활이 남겨준 것들

옥탑방에서 부른 운명의 곡 '내 여자라니까' · 18
보일러 배관 터져도 낭만이 살아있던 곳

단 한 사람이 떠나자 싹튼 우정, 그 후로 14년 · 27
대한민국 최전방 벙커 기지 GP에서 배운 것

학점 4.14점. 나를 보는 눈빛이 달라졌다 · 35
믿음에 대한 보답은 말보다 행동으로

대기업 취업보다 중요한 건 시간이었어 · 44
미용사를 꿈꾸던 나의 첫 제자에게

술 먹고 객기 부리다 '원 펀치' 맞고 경찰서행 · 52
몸소 배우지 않아도 될 술자리 교훈

'나 지금 떨고 있니?' 남들 앞에 서는 건 두려워 · 64
생활은 발표의 연속이다

난생처음 비행기 탑승, 난생처음 UAE 아부다비 · 76
세계로 뻗어 나갈 해외 인턴 합격

Part 2.
위기와 도전의 연속 사회생활

인턴의 첫 임무는 UAE 공항에서부터 · 87
눈떠보니 사막의 중심에, 꿈이길 바랐는지도 몰라

아부다비에서 만난 대한민국 · 97
해외 건설현장을 누비는 6명의 '슈퍼맨'

'갓벽'한 내가 취준생이 될 줄이야 · 107
완벽한 휴학생의 허술한 취업 준비

화장실에서 먹은 '눈물의 간장계란밥' · 116
벼랑 끝 전술로 취객과 기네스 흑맥주로부터 탈출

자네는 꼭 나 신입 사원 때 모습 같아 · 127
회식 문화만 잘 이용해도 반은 먹고 들어간다

인생 선택권, 서른한 살 회사원에게는 없다 · 137
아내와 아기는 편도 4시간 거리에 있습니다

만 7년 만의 사직서. 나는 다시 태어났다 · 147
읽고 쓰며 남까지 이롭게 하는 삶 속으로

들어가는 글

　푸를 청(靑), 봄 춘(春). 청춘. 푸른 봄만이 청춘일까요? 과거를 돌이켜보니 푸르지만은 않았습니다. 푸른 새싹을 틔어내기 위해서 보냈던 추운 겨울도 제겐 청춘이었습니다.

　2025년 제 나이 만 35세. 지난 15년 동안 삶을 회고하며 글을 썼습니다. 어려웠습니다. 지극히 개인적인 일을 타인이 공감할 수 있도록 쓰는 것은 힘겨운 일이었습니다. 공감은 제 영역이 아니란 걸 알면서도 말이죠.

중간에 포기하고 싶었습니다. 정답이 없는 문장에 스스로 질문하고 답하며 마침표를 찍는 과정이 즐겁지만은 않았습니다. '난 왜 이렇게밖에 표현하지 못할까?' 좌절했어요. 타인의 시선이 느껴져 불안하고 두려웠습니다. 반면 한편의 글을 완성하면 기뻤어요. 잘 쓴 글이든 못 쓴 글이든 일단 완성했으니까요. 독자분들의 반응은 어떨까 궁금해 설레기도 했습니다.

글을 쓰며 느꼈던 좌절, 불안함, 두려움, 기쁨, 설렘의 감정. 청춘 때 자주 느꼈던 감정과도 같았습니다. 잘 알지 못했던 분야에 대한 새로운 도전이었으니까요. 처음부터 잘하는 사람이 어딨겠어요. 부족한 게 당연한데, 이걸 거부하고 완벽해지려 할 때 고통스러운 거였습니다. '실패와 좌절을 경험해도 그 안에서 배우고 성장하자.'라고 생각하니 마음이 한결 가벼워졌습니다.

　마음속에서 혼란을 겪은 뒤에야 마침내 책을 쓸 수 있었습니다. 저는 이제 알았습니다. 흔들리는 상황 속에서도 견뎌내며 단단해지는 과정이 청춘이라는 것을요. 흔들리니까 버티다 못해 넘어질 때도 있는 겁니다. 넘어져도 괜찮습니다. 다시 일어서면 되니까요.

　청춘은 시기가 아닙니다. 스무 살이라도 정신이 죽어있다면 늙은이며, 여든 살이어도 정신이 깨어있다면 청춘입니다. 도전하고 배우는 사람은 늘 정신이 깨어 있는 것과 같습니다. 다음은 없습니다. 지금 이 순간을 소중히 여기고 무엇이든 도전하세요. 본인이 좋아하는 일, 꿈이라면 더할 나위 없겠습니다. 가슴이 뛰는 한 저와 당신이 영원한 청춘이길 바라봅니다.

Part 1.
낭만 가득
대학시절

화려한 독립,
보증금 100에 월세 15만 원
'찐' 고시원 생활이 남겨준 것들

  5월에 대학 축제 무대에 서야 했다. 밴드 동아리에서 맡은 역할은 일렉기타. 합주 연습만이 살길이었다. 농촌에서 서울로 올라와 대학교 낭만 한 번 누려보겠다고 가입한 밴드 동아리. 입학 후 각종 행사, 소모임, 동아리 활동까지 하려니 공부는 관심 밖이었다. 얹혀사는 이모 집에서 학교까지 편도 2시간, 통학은 낭만의 시간을 뺏어가는 골칫거리였다.

축제 준비를 위해서라도 더 이상의 통학은 무리였다. 4월 중간고사가 끝난 직후였다.

"아버지, 이제 서울 생활에 다 적응했어요. 한 달에 교통비가 약 8만 원 발생하는데요. 가만 생각하니 돈을 쓰면서 하루에 4시간을 지하철에서 보내는 게 몹시 비효율적이에요. 시간은 금이라는 말이 있잖아요? 남은 2개월은 저렴한 숙소를 알아볼게요. 공부 시간이 부족해 중간고사 성적이 썩 좋지 않아요. 기말고사는 준비를 잘 해봐야겠어요."

그럴싸한 이유였다. 부모님을 설득할 때는 꼭 성적과 관련된 이야기를, 열정을 담아서 말해야 한다. 거짓말을 한 게 아니었다. 밴드 동아리 활동과 공부, 두 마리 토끼를 모두 잡고 싶었다. 공부는 2순위였지만.

통학하며 알아봐 둔 곳이 있었다. 복잡한 계약 없이 쉽게 들어갈 수 있는 단기 고시원. 4차선 도로 사거리에 있는 건물에는 피시방과 헬스장이 있고 3층에 고시원이 위치했다. 보증금 100만 원에 월세 15만 원. 학교는 걸어서 5분. 최적의 조건이었다. 공부를 할 수 있는? 아니, 낭만을 즐길 수 있는. 동아리방과 악기 연습실이 가까웠다. 그렇게 인생 첫 독립생활을 시작했다.

3층 엘리베이터가 열리면 바로 우측에 신발장과 공용화장실이 있었다. 그 옆엔 세탁실과 부엌, 그 공간을 벗어나면 하얀 복도를 중심에 두고 양쪽으로 6개씩 12개의 방이 있었다. 복도를 향해 작은 창문이 있는 방들. 누군가 동시에 문을 열고 나온다면 좁은 복도에서 마주쳐야 하는 민망한 구조였다.

내 방은 우측 3번째 방이었다. 창문이 없는 건 그럭저럭 버틸만했다. 어차피 잠만 자는 공간이니까. 방음이 문제였다. 벽은 공간 분리의 기능만 할 뿐이었다. 시도 때도 없이 들려오는 전화 통화, 게임 소리에 잠을 설쳐야 했다. 매일 알코올에 취해 곯아떨어지기를 선택한 것이 그 이유였는지도. 술 마시기 좋은 핑계였다. 혹시 술주정뱅이 아니냐고? 열심히 밴드 활동과 신입생의 역할에 충실했을 뿐.

일찍 방에 들어갈 이유가 없는 것도 한몫했다. 고시원에서는 아무것도 할 수 없었다. 1인용 침대, 책상, 침대 옆에 한 사람이 누울 수 있는 공간이 전부였다. 침대의 한쪽 부분은 책상 밑으로 들어가 있었다.

어느 날은 술에 취해 머리를 책상 밑에 두고 잔 적이 있다. 새벽에 목이 몹시 말라 무의식적으로 벌떡 일어났다. 별을 본 순간이었다. 바깥세상과 단절된 칠흑 같은 암흑이었으니 별이 어울리긴 했다.

화장실도 공용이기에 사람이 없을 때 눈치껏 샤워했다. 아침 수업이면 씻는 시간이 겹칠 수 있으니 미리 일어나 준비했다. 주말에는 세탁기를 돌리고 옥상으로 올라가 빨래를 말렸다. 부엌은 라면을 먹을 때만 사용했다. 적어도 원룸에 살았다면 겪지 않아도 될 불편함을 감수해야만 했다.

창문 없는 암흑, 지독한 소음, 협소한 단칸방, 공용화장실, 세탁실, 부엌. 내가 생활한 곳은 진짜 '찐' 고시원이었다. 바깥으로 창이 있고 방 안에 화장실이 있는 고시원은 그야말로 천국. 선망의 대상이었다.

매일 즐거웠다. 마음이 풍요로웠다. 내 시간을 확보할 수 있었으니까. 타인에 의한 선택이 아닌 내가 한 선택이었으니까. 선택권을 행사하는 것은 언제나 옳다. 항상 정답을 선택해서 옳은 것이 아니다. 잘못된 선택을 하기도 한다. 실수와 실패를 통해 배우면 된다. 타인의 생각에 끌려다니는 것은 나를 잃는 행위다. 직접 선택한 것에는 후회가 적은 법이다.

내 공간에 유일한 손님이 있었다. 밴드부 동기 2명. 베이스 기타를 연주하는 민아(가명)와 보컬 준형(가명). 축제 무대에 오르기 일주일 전이었다. 합주 연습을 마치고 간단히 맥주 한 캔을 하기로 했다. 밖에서 먹으면 편할 것을. 굳이 내가 사는 곳을 보고 싶다고 했다. 맥주와 과자를 사 들고 고시원으로 향했다. 집에서 통학하고 있는 그 친구들은 혼자 사는 공간이 궁금했을 법도 하다.

고시원에 들어서자, 구조를 보고 당황한 기색이 역력해 보였다. 내가 먼저 웃음으로 대화의 문을 열었다.

"좁지? 내가 이렇게 살아. 잠만 자는 공간인데,

방음이 안 되는 걸 알면서도 시끄럽게 떠드는 사람들이 있어. 그래서 말인데, 이번엔 내가 한번 본 때를 보여줄까?"

"이렇게라도 혼자 살아보고 싶다. 두 다리 뻗고 누울 공간만 있으면 되는 거지." 민아가 둘러볼 것도 없는 방안을 두리번거리며 답했다. 이어 준형이 말했다.

"내가 키가 190cm잖아. 내가 들어올 수 있는 것만으로도 충분한 거야. 우리는 똑같이 행동하지 말자. 에너지를 아꼈다가 축제 때 무대 위에서 발산하자고."

나는 침대에, 동기들은 바닥에 마주 앉았다. 공간이 가득 찼다. 바닥에 과자를 놓고 맥주를 들이켰다. 고시원의 유일한 손님이자 방에서 먹은 최초의 맥주였다.

취기의 여운이 가시지 않은 채, 일주일 뒤 축제

무대 위에서 일렉기타를 연주했다. 실수 없이 공연을 마쳤다. 이제는 공부에 집중해야 할 시간. 그동안 안 했던 공부가 손에 잡힐 리가 있는가. 해야 할 공부는 안 하고 학과 동기들과 미팅하고, 밴드 동아리의 6월 정기공연을 준비했다. 기말 성적은? 비밀. 학사 경고는 피했다.

간혹 미디어에 고시원 생활을 하는 분들이 나온다. 나는 그 누구보다 깊이 공감할 수 있다. 보는 것과 경험한 것은 하늘과 땅 차이다. 짧았던 고시원 생활이었지만 한층 더 성숙한 인간이 되었다. 서울에서 나를 보살펴 준 친척들과 부모님의 사랑을, 안식처의 소중함을 깨달았다.

6월 말 1학기가 끝나고 맞은 여름 방학. 고시원을 정리하기 위해 부모님이 올라왔다. 화려했던 내 독립을 부모님은 안쓰럽게 여겼다. 방 상태를 보시곤 눈시울이 붉어짐을 보았다. 고향으로 내려가는 길에 아버지가 물었다.

"아들, 고시원에서 힘들진 않았냐?"
"힘들긴요. 기말고사 성적 묻지 않아서 감사해요."

옥탑방에서 부른 운명의 곡
'내 여자라니까'
보일러 배관 터져도 낭만이 살아있던 곳

밴드 동아리를 탈퇴했다. 음악을 사랑하던 나에게 큰 결단이었다. 공부하라고 지방에서 서울로 보냈더니 돌아온 건 F 학점. 한 과목만 그런 것인데, 왜 이리 크게 느껴졌을까. 부모님께 죄송스러웠다. 무시무시한 서울 사립대 공대 등록금. 생활비를 아껴보겠다고 고시원 생활을 자처했던 나였는데, 그 비싼 학자금은 안중에도 없었나 보다. 대학생도 학생. 기본은 공부다. 기본에 충실하지 못한 나 자신을 반성했다.

바닥을 바라보던 성적을 만회해야 했다. 정리한 것은 밴드 동아리만이 아니었다. 영화, 마술 동아리도 마찬가지였다. 영화, 마술은 그냥 술 마시는 동아리였다. 2학기는 축구 동아리만 유지하기로 했다.

2학기에 지낼 방을 구하기 위해 개학 보름 전 동작구 흑석동의 고모 집에서 머물렀다. 당시 사촌 여동생은 고3. 수능 공부에 한창이었다. 고모부는 내가 공부를 알려주길 기대했다. 그 속마음도 모른 채 나는 '개미와 베짱이' 동화 속 베짱이였다. 대학 동기, 친구들과 술 마시고 들어오기 일쑤. 집에 있는 날에는 통기타 연주 삼매경이었다. 밴드 활동은 접었어도 통기타 연주는 포기할 수 없었다.

고모는 20년째 고깃집을 운영하고 있었다. 특별

한 날을 제외하고 매일 출근해 저녁 늦게 귀가했다. 내가 독립하기 전날이었다. 고모는 그날을 특별한 날로 지정했다. 나와 함께 식사하고 일찍 퇴근했다. 집으로 걸어가는 길에 고모에게 물었다.

"고모는 쉬지 않고 일하는 게 안 힘들어요?"
"다들 이렇게 살아야. 기냥 즐긴다 생각하고 살면 되는겨."
놀기만 하는 모습을 보여준 나였는데. 게으른 베짱이도 괜찮다는 의미인가? 열심히 살되 즐기라는 얘기였을까? 어쨌든 그날 밤 나는 걱정을 한시름 내려놓았다.

4개월 동안 거주할 곳을 구했다. 고시원은 다시 들어가고 싶지 않았다. 단기 계약이었으므로 선택권이 넓지 않았다. 알아본 곳은 정문에서 5분 거리의 4층 빌라 옥탑방이었다. 널따란 마당이 있어 돗

자리를 피워두고 고기를 먹는 상상을 했다. 실행에 옮기진 못했다. 가을을 앞둔 8월. 옥탑방의 열기는 여름이 아직 끝나지 않았다고 말하고 있었다.

옥탑방에 가져간 것은 옷, 통기타, 악보가 전부였다. 아직도 기억에 남는 세 곡이 있다. 가장 좋아했고, 자주 불렀던 첫 번째 곡은 내가 태어난 다음 해 91년에 발매된 김현식 가수의 '내 사랑 내 곁에'. 서정적인 멜로디와 가사가 좋았다. 무엇보다 통기타 연주에 잘 어울렸다.

'저 여린 가지 사이로 혼자인 날 느낄 때 이렇게 아픈 그대 기억이 날까.' 가장 좋아하는 구절이다. 인생은 원래 혼자인 법. 어른이 되어간다는 건 외로움과 싸움에서 이기는 법을 알아 가는 것일까. 이제는 외로움을 즐길 때도 되었건만, 외로움이 불러오는 그리움에 종종 사무칠 때가 있다. 그리움은 타인을 향한 것일 수도. 과거의 나일 수도 있다. 요즘은 과거의 내가 그립다. 때 묻지 않고 순수하게 친구들과 어울렸던, 책을 읽으며 뜨거운 눈물을 흘렸던, 가슴 아픈 사랑으로 나를 성숙하게 한 그날들이 그립다.

두 번째 곡은 강타 가수의 '그 해 여름'. 이 곡 역시 통기타 연주에 잘 어울리는 노래. 2001년도에 발매된 곡으로 사춘기의 내 마음을 어루만져준 곡이었다. 사랑에 대한 노래지만, 들으면 당시 유행했던 게임들이 떠오른다. 게임을 하며 들었으니까. 스타크래프트, 리니지, 포트리스, 크레이지 아케이드, 디아블로 2.

'사랑해 오랜 시간이 흘러도. 세상 모든 것이 다 변해도 널 사랑해. 이제 너 없이도 울지 않아. 가끔은 보고 싶어지겠지만'. 세상 모든 것이 변해도 변하지 않는 것들이 있다. 그때의 추억과 감성. 시간이 흘러 아름답게 추억할 수 있도록 주어진 오늘에 최선을 다해야겠다.

 마지막 곡은 이승기 가수의 '내 여자라니까'. 2004년도에 발매된 곡으로 누나 신드롬을 불러일으킨 곡이다. 이 노래를 좋아하면서 내 운명이 결정된 것이었을까. 누나와 결혼하게 될 줄은 이때는 몰랐는데 말이다.

 늦여름과 가을의 옥탑방은 나 홀로 음악과 함께 했다. 지난 고시원 생활과 비교하면 옥탑방은 천국이었다. 벽지의 곰팡이, 한낮의 열기를 온몸으로 경험했지만. 화장실이 집 안에 있었고, 친구들과 음주하며 노래를 부를 수 있었으니까.

 옥탑방의 마지막 손님은 고향 친구들이었다. 크리스마스 기념으로 놀러 온 4명 모두 여자친구가 없던 것이 모임의 이유. 친구들의 눈에 가장 먼저 들어온 것은 통기타였다. 중학생 때부터 오락실 노래방에서 우정을 나눴기에 눈빛만 봐도 알 수 있었다. 연주를 개시하라는 사인을 읽었다. 앞서 말했던 노래를 포함해 악보에 있는 모든 곡을 연주했다. 친구들과 목청껏 노래를 불렀다. 신기하게도 그 옥탑방은 밖으로 소리가 새어 나가지 않았다.

  모든 것이 순조로운 듯했다. 사건이 터지기 전까지는. 롯데월드와 홍대에서 흥을 내뿜고 취한 상태로 귀가했다. 누군가 꺼져있는 보일러를 켰다. 취한 상태라 위기임을 직감하지 못했다. 난방이 되겠거니 하고 잠들었다. 그런데 이상했다. 집이 도무지 따뜻해지지 않았다. 우리 4명은 덜덜 떨며 서로의 온기에 의지한 채 밤을 보낼 수밖에 없었다.
  다음 날 아침, 바닥과 벽은 야외와 구분할 수 없을 정도로 얼음장이었다. 옥탑방에 사는 사람은 알 것이다. 겨울철 옥탑방의 철칙 중 하나는 외출

할 때 보일러를 끄지 않기라는 걸. 장시간 비울 때는 외출을 누르고 나가야 한다는 걸. 롯데월드에 가려고 집을 나설 때 친구들보다 먼저 나온 것이 실수였다. 친구가 자백했다. 어제 나갈 때 끄고 나왔다고.

이미 지난 것을 어떻게 할까. 친구에게 책임을 물을 수 없었다. 미리 알려주지 못한 내 책임이었다. 친구들은 고통 속에서 찬물로 머리를 감고 떠났다. 뒷수습은 나의 몫이었다. 아버지께 솔직하게 상황을 설명했다. 그리고 집주인과 합의한 30만 원을 보상하며 상황은 종료되었다. 옥탑방 생활의 마침표였다.

활동하던 동아리를 정리했으니, 성적은 올랐을까? 반전이 없으면 아쉬운 법. 공부를 열심히 했을 법도 한데. F 학점이 또! 성적도 떨어져, 보일러 배관도 터트려, 겨울방학 때 고향으로 돌아온 나는 군대에 가기 전 노는 것으로 마지막 열정을 불태웠다.

"아들, 군대에 가서 사람이 되어야 할 것 같구나."
그런 나를 지켜보던 아버지가 한마디 했다. 그렇게 나는 사람이 되기 위해 군대로 떠났다.

누군가는 이야기한다. 낭만을 먹고 사는 건 어렵다고. 삶에는 낭만이 없을지 모른다. 현실이니까. 그래도 낭만은 우리 인생에 꼭 필요하다고 생각한다. 인간은 추억을 먹고 사는 존재니까. 옥탑방에서 보낸 그해 여름과 겨울은 무척 덥고 추웠지만, 낭만이 있었다. 이제는 아름다운 추억이 되어 나를 미소 짓게 한다. 삶에 추억이 쌓일수록 무너질 수 없는 행복한 존재가 되어간다. 그래서 나는 오늘도 낭만을 꿈꾼다.

단 한 사람이 떠나자 싹튼 우정, 그 후로 14년

대한민국 최전방 벙커 기지 GP에서 배운 것

"야 장난하냐?" 초소 안에서 민 상병이 소리쳤다. '상명하복 모르십니까?'라고 대꾸하고 싶었다. 내가 초소병에서 상황병이 된 것은 소대장의 명령에 복종한 것뿐이었다.

"지금까지 몇 개월 동안 가르쳐 놨더니 배신을 해?"

북한군을 감시하는 대한민국 최전방 벙커 기지 GP(Guard Post). GP는 총 4개의 분대가 24시간 경계근무를 선다. 3개 분대는 초소 근무. 1개 분대는 상황실 근무. 상황실 병사를 상황병이라고 부른다. 간부와 함께 근무하기 때문에 소대장이 차출한다.

　상황병은 GP 일지 기록과 통신병 역할을 한다. GP 밖 상하 기관과 통화하고 보고하는 일이 많다. 전시 상황에서 간부가 모두 사망하면 상황병이 임무를 대신한다. 중요한 역할이다. 초소 경계근무도 알아야 하기에, 보통 이등병 이후 일병에서 뽑는다. 그중에 한 명이 나였다.

　어느 야간 근무 때였다. 초소병 중 한 명이 아팠다. 상황병 막내였던 내가 대신 근무에 들어갔다. 상황병이 되기 전 소속된 분대였다. 일이 생길 것 같은 불길한 예감은 빗나가지 않았다. 초소병 근무 시절 사수를 다시 만났다.

"상황병 근무 못 하겠다고 해. 군대에 놀러 왔어? 상황실에 앉아서 편하게 근무하려는 거잖아 이 새끼야!"

"아닙니다."

"아니면 뭔데?"

자신의 의지로 상황병이 되는 것이 아니다. 분대 선임들은 불만을 가질 수 있다. 잘 키워둔 후임이 있어야 본인의 군 생활이 편한 법인데, 그런 후임이 상황병으로 이동하면 불편해진다. 이등병 또는 대체 인원이 배정되기 때문이다. 병장이 전역하면 그 자리를 채우는 것과 같다. 자연스러운 이치다. 그런데 왜 화를 내는 것일까. 단순하게 신병을 가르치기 귀찮아서일까.

폭언과 폭행은 초소 근무가 끝날 때까지 이어졌다. 6시간 동안. '계급장 떼고 한판 붙을까.'라는 생각은 양호한 편. 머리통에 총을 갈겨버리고 싶은 충동이 일어났다. 과거 GP에서 일어났던 수류탄, 총격 사건 속 병사들의 심정을 이해할 수 있었다.

 선임은 나에게만 악마가 아니었다. 모든 후임을 괴롭혔다. GP는 북한군 침투 상황을 고려해 실탄이 든 총과 수류탄을 갖고 초소 근무를 선다. 그 이유로 정신이 건강한 병사만이 수색대원(GP 투입 병사)이 되는데, 예외는 항상 있는 법이다. 문제가 생기지 않은 게 더 불안했다.
 우려했던 상황은 다행히 오지 않았다. 영원히 발생하지 않도록 조치가 이뤄졌기 때문이다. 문제를 알게 된 소대장은 개개인을 불러 면담했다. 민 상병의 행적이 밝혀졌다. 그는 다른 부대로 전출되었다.
 민 상병이 떠나는 날을 아직도 잊을 수 없다. 단 한 명도 민 상병을 배웅하는 사람이 없었다. 1년이 넘는 세월 동안 선후임과 정을 쌓을 법한데도. 통쾌하면서도 쓸쓸한 뒷모습에 연민의 감정을 느낀 건 왜였을까. 천성이 나쁜 사람은 아니라고 생각했다. 그를 둘러싼 환경이 그렇게 만든 것일 거라고. 다만, 당시의 행동은 절대 옹호할 수 없다. 폭언과 폭력은 엄연한 죄다. 아무리 숨기려 해도 진실은 언젠가 밝혀진다. 지위와 권력은 영원하지 않다.

GP에 평화가 찾아왔다. 괴로워하던 후임들의 얼굴에 웃음꽃이 피었다. 군대도 사람 사는 곳이다. 위계질서는 지키되 인격적인 대우와 배려가 있어야 한다. 우리 소대 간부들과 병사들은 그런 곳을 만들고 싶었다. 비 온 뒤에 땅이 굳는 거라고. 그 사건 이후 우리는 하나가 되었다.

온전히 하나임을 느낀 것은 휴가였다. GP 생활의 장점 중 하나는 함께 떠나는 휴가다. 약 9주 정도의 GP 근무를 마치면 훈련 부대로 복귀했다. 다음 날 약 10~14일 휴가를 함께 떠났다. 군대에서 부대끼면서 지겨울 법도 할 텐데, 꼭 하루는 10명이 넘는 선후임이 모여서 휴가를 즐겼다. 심지어 간부들도 함께.

젊음이 가득한 신촌, 홍대에서 음주 가무를 즐겼고, 여름에는 각 지역의 해수욕장을 갔다. 수도권, 충청, 호남권은 대천 해수욕장에, 경상권은 부산 해운대에 모였다. 부대 안에서 만든 몸을 뽐내며 낯선 여성들에게 말을 걸어보기도 했다. 누가 봐도 군인인데, 아닌 것처럼 보이기 위해 용을 썼다. 우리의 우정은 휴가 중에 더욱 돈독해졌다.

부대에 복귀해서도 우정이 이어졌으니 즐겁기만 했을까? 그건 아니었다. 훈련이 여전히 고되고 힘들었으니까. 무박 2일 100km 행군, DMZ(비무장지대) 정찰 훈련, 각종 전투 훈련. 9주 뒤에 다시

GP에 들어갈 준비를 했다. 고된 훈련이 즐거울 리 없었다. 힘들었지만 우정을 나눈 인연들이 있었기에 긍정적으로 이겨낼 수 있었다. 회사 생활도 마찬가지 아닐까. 일이 힘들어서 나가는 경우는 많지 않다. 사람이 힘들어서 나가지. 동료들이 좋다면 힘든 일도 웃으며 견뎌낼 수 있다.

그때의 인연들은 2011년도에 전역 후 14년이 지난 지금도 이어지고 있다. 이 사실에 사람들은 놀란다. 보통 군대의 인연은 오래가지 않기 때문이다. 가정이 생겨 예전처럼 정기적으로 만나진 못해도, 누군가 결혼하면 꼭 참석해서 추억을 나누고 있다.

이야기는 항상 '기승전 내가 가장 힘들었다.'로 종결된다. 같은 부대에서도 이런데, 친구들과 이야기할 때는? '내가 있던 곳이 제일 힘들다.'로 변한다. 변하지 않는 군대 이야기다. 주변 사람들에게 상황병이 겪는 정신적 고통을 호소해도 통하지 않는다. 본인이 더 힘들었다고 얘기하니까. 아무렴 뭐 어떤가. 건강하게 전역하면 똑같다.

훈련병, 이등병 시절 허구한 날 기합 받을 때. 민 상병으로부터 고통받을 때, 극한의 훈련 상황으로 힘들었을 때 마법처럼 외웠던 주문이 있다. '이 또한 지나가리라'. 모든 것은 지나간다. 당시에는 영원할 것 같았던 일도 지나고 나면 하나의 점이 된다. 아픔도. 기쁨도. 영원한 것은 없다. 이제는 군대에 놀러 왔냐는 민 상병의 질문에 다르게 대답해본다. 덕분에 오랜 인연이 남았다고. 놀러 온 것처럼 지낼 수 있었다고.

학점 4.14점.
나를 보는 눈빛이 달라졌다
믿음에 대한 보답은 말보다 행동으로

"사람이 되어 전역했습니다. 아버지, 어머니."

마음속에 배수의 진을 치고 사회인으로 돌아왔다. 대학교에 복학하기 전 '여기서 밀리면 약육강식의 취업 시장에서 도태되는 거야.'라고 심기일전했다. 1학년 때 축구 동아리 선배들을 떠올렸다. 당시 3학년이었던 05학번 선배들은 이름만 대면 알 법한 대기업에 취업했다.

05학번 선배들은 "1학년 때는 노는 거야. 지금 안 놀면 언제 놀 거야? 성적은 중요하지 않아. 군대 다녀와서 기본만 하면 돼. 기본. 우리 선배들도 다 그랬어."라고 했다. 1학년이 뭘 알겠는가. '도대체 기본은 뭐지?'라고 의문을 가졌지만 일단 감사했다. 안심한 채 놀 수 있었으니까. 그런 선배들이 떡 하니 대기업에 취업했으니, 말뿐이 아니라 행동으로 보여준 게 아닌가.

　속으로 쾌재를 불렀다. 1학년 성적을 놓고 보자면 F 학점이 있긴 했지만, 그 선배들보다 좋았으니까. 희망을 보았다. 당시의 나는 대기업에 취업하는 것이 '내가 할 수 있는 최고의 효도'라고 생각했으니까. 공무원, 공기업 말고 오로지 대기업. 돈에 대한 강박관념이 있었다. 집이 없어 강제로 했던 8번의 이사와 부모님의 희생을 직접 목격하면서 경제적인 결핍이 내 안에 존재했다. 돈을 빨리, 많이 벌고 싶었다.

선배들이 말했던 '기본'은 학점 4.5 만점에 3점, 토익 700점이었다. 그 '기본'은 우리가 졸업할 때 3.5점에 토익 800점으로 바뀌었다. 1학년 때 성적으로는 어림도 없었다. 만회해야 했다. 부모님께 죄송한 마음이 있었지만, 대의를 위해서 욕심을 부렸다.

"아버지, 공부할 수 있는 환경이 필요해요. 이번에는 꼭 결과로 증명해낼게요." 도서관과 가까운 후문 근처의 원룸이라면 공부 열정을 불태울 수 있을 것 같았다. 장인은 도구를 가리지 않는다는데, 도구를 갖추면 더 좋다. 고시원, 옥탑방 말고 원룸에 살고 싶다고 했다.

"이제는 진짜로 혀야 한다잉." 자식을 이기는 부모는 없다고 했던가. 하나뿐인 아들을 믿어주었다.

"방만 구해주시면 생활비는 아르바이트로 마련해 볼게요."

"그 시절에 해야만 하는 걸 혀라. 일은 졸업해서 하면 돼. 당장 생활이 안된다면 돈을 벌어야겠지만, 부모가 지원할 수 있다면 안 하는 게 맞다. 두 마리 토끼를 잡으려다 모두 놓치는 게 가장 미련한 짓이여."

그렇게 나는 보증금 1000에 45만 원 신축 빌라 원룸에 2년 계약으로 입성했다(당시 고시원은 100에 20). 용돈도 받아쓰기로 했다. 빚으로 학자금을 대고, 쓰는 것 아껴가며 내 생활비를 지원해 준다는 사실을 알고 있었다. 부모님의 사랑에 보답해야만 했다.

"공부는 부모의 인생이 아닌 너의 인생을 위한 거다." 입주하는 날 부모님은 한 마디를 남기고 고향으로 떠났다. 두 여동생과 부모님의 자랑이 되고 싶었다. 어깨가 무거워졌.

고시원, 옥탑방 생활과 이번 독립은 달랐다. 1학

년 때의 독립은 아이의 독립이었다면, 23살 복학생의 독립은 어른의 독립이었다. 둘 다 어린 학생에 불과했지만, 20대 남자에게 군필자와 미필자는 좁힐 수 없는 거리가 존재했다.

1학년 때와 달라지고 싶었다. 알맹이 없이 겉으로 화려한 것이 아닌 내실을 다지고 싶었다. 오랜만에 만난 동기들과 웃으며 인사했지만, 비장했다. '무조건 성적을 올리겠다.'라는 생각이 마음을 지배했다. 어떠한 핑계로도 수업에 빠지지 않았다. 수업 내용을 놓치지 않고 메모했다.

중간고사 시험 기간에는 도서관에서 살았고, 시험 후 벚꽃과 축제를 즐기는 것도 잠시였다, 곧바로 기말고사를 준비했다. 단순하게 공부하는 시간으로 밀어붙였다.

'하늘은 스스로 돕는 자를 돕는다.'라고 했던가. 4.5점 만점에 4.14점. 올 A를 넘어선 성적이었다.

석차는 80여 명 중 5등. 성적 장학금을 받았다. 1학년 때 2점대와 비교하면 비약적인 성장이었다. 함께 어울리던 동기들이 나를 보는 눈빛이 달라졌다.

"사람이 갑자기 변하면 죽는다는데."

1학년 때 기타 치고 술만 마시던 친구였으니 놀랄만하다. "숨겨왔던 내 실력이야."라고 답하기엔 명백히 노력한 결과였다. 죽기는 싫어서 변하지 않았다고 항변하며 시험 기간 외에는 사교활동을 했다. 선후배들, 동기들과 술로 우정을 쌓아갔다.

내 원룸은 나만의 원룸이 아닌 모두의 원룸으로 변해 있었다. 시험 기간만 되면 대중교통으로 통학하는 친구들이 이동시간을 아껴보겠다고 내 방에서 잤다. 빈손으로 오기 민망한 친구들은 휴지나 라면을 사서 오기도 했다.

"이거 어떻게 푸는 거야?" 과거와 달라진 나를 마주해야 했다. 동기들이 내 연습장을 베끼고 문제를 풀며 물어봤으니까. 그 문제를 설명하며 가르치는 내 모습이 낯설었다.

공부와 아르바이트는 병행하지 않았지만, 사교 생활을 병행한 덕분에 선후배들과 친분을 깊게 맺을 수 있었다. 05학번 선배들이 말했던 '기본' 이상을 유지했다. 선후배들의 인정으로 3학년 때 축구 동아리의 회장까지 맡을 수 있었다. 모든 것은 부모님의 사랑 덕분이었다. 원룸에서 주변의 사랑을 받으며 대외 활동과 성적, 두 마리 토끼를 모두 잡을 수 있었다.

4학년이 되자 취업 시장이 1학년 때와 다르다는 것을 느꼈다. 좋은 회사는 누구나 가고 싶어 했다. 바늘구멍 뚫기가 될 수밖에 없었다. 경제가 항상 힘들듯이 취업 시장도 항상 힘든 이유다. 절대 평가가 아니라 상대 평가라서 누군가는 상대적 박탈감을 느끼고 자존감이 낮아진다.

학점과 어학은 기본이며 남들과 차별화 전략이 필요했다. 계획을 세우고 하나씩 실행으로 옮겼다. 면접에 대한 두려움을 극복하기 위해 발표 동아리에서 2주마다 프레젠테이션 발표를 했다. 여름방학 중에 실무 경험을 쌓기 위해 인턴을 지원했는데, 운명적인 기회가 찾아왔다.

G 건설사의 해외 파견 근무였다. 6개월 근무로 학교를 휴학해야 했다. 합격은 했으니, 칼자루는 내가 쥐고 있었다. 포기하고 2학기를 다닐 것인가. 휴학하고 해외 경험을 쌓을 것인가. 중대한 결정의 순간이었다. 해외 경험이 없던 나는 두려웠지만, 알고 있었다. 두려움은 극복해야 할 감정이며 성장의 원천임을. 도전을 감행했다. 취업 시장에서 강력한 무기가 될 거라 확신했기 때문이다.

선택이 옳았다. 해외 파견 근무를 통해 언어의 장벽을 넘어설 수 있었고, 화학공학인 내 전공과 일치하는 현장 실무를 직접 경험했다. 해외 근무에 도전해 어려움을 극복했다는 스토리텔링은 자기소개서를 빛나게 해주었다.

치열하게 준비한 보상이기에 기뻤지만, 한편으로는 마음이 씁쓸했다. 세월이 흐를수록 더 높은 능력을 요구하는 시대가 되어가는 것이 슬펐다. 머리는 영리해지는데, 낭만이 없어지는 느낌이랄까. "1학년 때는 노는 거야. 지금 안 놀면 언제 놀 거야?"라고 선뜻 후배들에게 이야기할 수 없었다. 이 말은 이제 역사 속으로 사라졌을지도 모르겠다.

질문을 틀어 모두에게 묻고 싶다. "가장 젊은 오늘 노는 거야. 지금 안 놀면 언제 놀 거야?"라고. 시대가 바뀌어도 유효한 질문이다. 인생은 마음껏 즐기다 가는 놀이터라서 얼마나 놀지는 우리에게 달려있다. 지금은 해가 중천에 떠 있어도 언젠가 진다. 어두워지기 전에 놀아야 한다. 단 하루라도 젊을 때 내면의 아이가 뛰어놀 수 있도록. 그것이 우리의 사명인지도 모르겠다. 더 늦기 전에.

대기업 취업보다 중요한 건 시간이었어
미용사를 꿈꾸던 나의 첫 제자에게

 포근한 바람이 일렁이는 따스한 봄. 포장마차가 즐비한 서울 석계역을 지나 석관중학교로 발걸음을 옮겼다. 교육 봉사 프로그램 '서울 동행 프로젝트'의 첫날. 방과 후 학생들에게 과외처럼 교육하는 활동이다.

 처음으로 배정받은 곳은 석관중학교. '잘 가르칠 수 있을까?' 걱정이 앞섰다. 그래도 이것은 어디까

지나 교육 봉사. 대가 없이 나의 재능을 기부한다니 마음이 한편으로 놓였다. 무엇보다 한때 꿈이었던 선생님이 될 수 있었다. 학교 선생님이든 과외 선생님이든 봉사활동 선생님이든. 선생님으로 불리면 선생님이니까. 그렇게 자기만족을 하며 기대와 부푼 마음을 안고 배정받은 교실에 들어섰다.

덩그러니 앉아 있는 한 여학생. 반가운 기색이라고는 찾기 힘들었다. 처음 만나는 나에게 던진 한마디 "선생님도 봉사활동 점수 때문에 오셨죠?" 학생에 대한 정보가 하나도 없었다. 하나는 확실했다. 내가 첫 번째 동행 선생님이 아니라는 것. 내가 언젠가 떠날 존재라는 것을 알고 있었다. 조심스레 그 학생의 질문에 답변했다.

"말 편하게 할게. 봉사활동 점수도 있지만, 더 중요한 게 있어. '시간'을 너와 공유하려고 온 거야. 시간이 얼마나 중요한지 알지?"

"네? 남아도는 게 시간인데요. 친구들 학원 다닐 때 이렇게 학교에 남아서 시간이나 때우고 있잖아요. 시간이 빨리 갔으면 좋겠어요."

"빨리 어른이 되고 싶니?"

"당연하죠. 저는 연예인 전담 헤어 디자이너가 꿈인데요. 일단 어른이 되어야 하니까요. 자유롭잖아요. 프리덤!"

목표와 꿈이 없는 대부분 학생과 달랐다. 꿈을 당당히 말하는 모습이 멋져 보였다. 중학생 때 나는 원하는 직업이 있었다. 여러 번 바뀌었지만. 성인이 되어서는 대학 학점과 어학 점수, 소위 스펙을 쌓아 대기업에 취업하는 것이 목표였다.

지금 와서 생각하니 그때는 그것이 성공 공식이

고 유일한 길이라고 여겼던 것 같다. 13년 전의 나는 꿈꾸지 않았다. 그 학생에게 칭찬과 지지를 해주지 못했다. 대신 시간의 가치를 알려주고 싶었다. 순간순간 최선을 다한 것이 나의 학창시절이었기 때문에. 방과 후에 시간을 의미 없이 보낸다는 것은 잘못이라 생각했다.

"그래. 시간의 가치를 잘 모를 수 있어. 빨리 고등학생이 되고 싶고, 성인이 되고 싶겠지. 자유를 얻을 것만 같으니까. 그런데 네가 생각하는 자유는 쉽게 오지 않아. 고등학생이 되고 수능이 전부인 것 같지만 대학생이 되면 또 형식적인 틀 안에서 살아야 해. 전문대학교에 가거나 졸업 후 바로 직장생활을 해도 마찬가지야. 자유를 누리는 것은 일부일 뿐이야."

진정한 자유는 무엇일까? 자유는 도대체 언제 오는 것일까? 20대에는 취업과 공부로부터 해방. 30대부터는 인간관계와 금전적인 자유일까? 35살인 현재의 나는 이렇게 말하고 싶다. 하고 싶은 것을 할 수 있는 것. 좋아하는 것을 하며 살 수 있는 것. 자유는 상대적이라 본인이 처한 환경에 달라진다. 10대에게 자유는? 수능 공부로부터 해방. 미성년 탈출. 10대인 그 학생과 대화를 주고받았다.

"그래도 하고 싶은 것을 할 수 있잖아요. 술도 마시고 연애도 하고요."

"맞아. 그럼 하나만 기억하자. 하고 싶은 것을 할 수 있으려면 현재의 '시간'에 최선을 다해야 해. '시간'은 흘러가면 돌아오지 않아. 최선을 다한 현재가 쌓여 후회 없는 과거가 되고 미래가 되는 거야. 예를 들어볼게. 연예인을 좋아한다고 했지? 우리는 연예인들의 무대 위, 영상 속 화려한 것만 보려고 해. 그들이 최선을 다한 하루하루의 과정은 보이지 않으니까. 수백, 수천 번의 연습, 철저한 식단관리 등 피나는 노력이 있는데 말이야. 과정이 모여 현재의 모습이 된 것을 생각하려 하지 않지. 그렇게 해서 빛을 본 연예인들만 진정한 자유를 누릴 수 있는 거야. 최선을 다한 시간의 대가를 치르지 않는 연습생들은 빛을 보지 못하지. 그것이 자유를 얻는 자와 못 얻는 자의 차이야. 주어진 시간을 가치 있게 보내느냐의 차이."

그 학생에게 공부로 설명했다면 지루했을 것이다. 부모님에게 수없이 들었을 테니까. 좋아하는 연예인으로 다가가는 게 효과적이라고 생각했다. 우리는 보이는 것만 본다. 보이지 않는 과정을 말해주고 싶었다.

"틀린 말은 아닌 것 같아요. 그래서 지금 최선을 다하는 것은 공부를 열심히 하는 것이죠?"

"나는 너의 꿈이 미용사니까 공부만을 강요하고 싶진 않아. 대신 공부를 절반하고 나머지 절반은 너의 관심사에 대해 자유롭게 이야기하자."

"좋아요. 선생님은 몇 살이고 어디 대학에 다녀요?"

그렇게 우리의 첫 만남은 잊을 수 없는 추억이 되었다. 시간은 쏜살같이 지나가 아쉬운 작별을 해야 했다. 이후에도 연락이 닿았지만, 제자가 예술고에 진학하며 자연스레 멀어졌다.

우리는 주어진 시간에 최선을 다해 살아야 한다. 우리를 지키는 방법이다. 본인은 안다. 자신이 최선을 다해 오늘을 보냈는지. 누군가에게는 꿈을 향한 배움과 성장이, 누군가에게는 즐겁게 사는 것이 최선일 것이다. 본인의 가치관을 따르면 된다. 완전히 후회 없는 삶은 없겠지만, 후회가 남지 않도록 오늘을 살았으면 한다. 그것이 과거가 되니까. 과거에 후회가 없을수록 자신에게 당당해진다. 자유는 그럴 때 온다. 진정한 자유는 본인 통제 속에 오는 것이다.

미래를 위해 현재를 희생하지 말라는 말이 있다. 하지만 현재를 무의미하게 보내면 아름다운 미래는 오지 않는다. 13년이 지난 지금도 내 가슴속에 있는 가장 중요한 가치는 '시간'이다. 과거의 저 학생에게 내 뜻이 잘 전달됐길. 시간의 소중함을 느꼈길. 지금도 아름다운 시간을 보내고 있기를 바란다. 흘러간 시간은 돌아오지 않으니깐.

술 먹고 객기 부리다
'원 펀치' 맞고 경찰서행
몸소 배우지 않아도 될 술자리 교훈

 '데굴데굴' 내 몸이 언덕길 아래로 구르고 있었다. 뭔가 잘못되었다. 그날 내 자취방에서 하룻밤 신세를 지겠다던 대학 동기가 생각났다. 그는 학창 시절 주먹을 꽤 썼다던 친구(본적은 없지만). 그를 현장에 데려와야겠다는 생각이 들었나 보다. 3분 거리의 집으로 갔다.

 주먹으로 한 대 얻어맞은 건 분명했다. 문제는

어떤 상황인지, 누구인지, 얼마나 강하게 맞았는지 전혀 기억이 나지 않는다는 것. 한 대 맞고 굴렀던 것과 '친구를 데리고 와야겠다.'라는 생각. 이것이 기억 나는 전부였다.

새벽 2시경. 문을 벌컥 열고 신발을 신은 채 집으로 들어가 친구를 소리 높여 불렀다.

"효근(가명)아! 일어나 봐!"

"아이. 이 시간에 왜 깨우고 지랄이…어? 너 얼굴 왜 그래?"

나는 미친 사람처럼 욕설을 뱉으며 지금 빨리 가야 한다고 했다. 왼쪽 입술이 찢어져 턱과 옷이 피범벅이 된 내 모습을 본 효근이는 군말하지 않고 나를 따라나섰다. 효근이는 전생에 용맹한 장군이 아니었을까? 취객의 말만 듣고 적진을 향해 뛰어드는 사람이 몇이나 되랴.

현장에 도착했을 때는 아무도 없었다. 상황 종료. 10분 만이었다. 효근이는 나를 어르고 달래서 집으로 데려가 피를 씻기고 재웠다. 지금까지의 내용은 효근이의 진술이다. 나는 전혀 기억나지 않았다.

날이 밝았다. 잠깐 일어나보라는 효근이의 말에 정신을 차려보려 안간힘을 썼다. 숙취로 인해서 머리는 아프고, 온몸이 쑤셨다. '무슨 일이 있었던 것일까?' 왼쪽 입술이 욱신거렸다.

"어휴. 미친놈. 술 좀 작작 마셔라." 연고와 반창고를 건네며 한심한 듯 말했다.

"네가 할 말은 아닌데? 너는 술 먹고 혼자 벽쳐서 손등 부러졌었잖아." 어느 날 오른손에 깁스하고 수업에 등장했던 효근이의 모습을 잊을 수 없었다.

"나는 다치기만 했지만, 너는 폭행 당하고 핸드

폰, 지갑 다 잃어버렸다고."

"어?"

 새벽에 일어난 일을 듣고 꽤 심각한 상황임을 인지했다. 핸드폰, 지갑을 모두 잃어버렸다는 사실에 눈앞이 깜깜해졌다. 거울을 보니 입술은 찢어지고 부어있었다. 그래도 다행이었다. 병원에 갈 정도는 아니었으니까. 몸과 마음이 아파서 학교는 자체 휴강을 했다.

 이미 벌어진 상황이니 수습하기 시작했다. 먼저 PC 카카오톡을 열었다. 부모님과 친구에게 상황을 알리고 도움을 구했다. 그리고 어제 술자리에 함께 있었던 선배에게 연락했다.

 "형 나 어제 2차로 간 양평 해장국집에서부터 기억이 하나도 안 나."

 "너 어제 술을 너무 많이 마셨어. 승민(가명)이 얼굴 박살 났더라. 빨리 연락해봐. 나랑 헤어지고 도대체 뭔 일이 있었던 거야. 어휴."

심장이 요동치기 시작했다. '고작 입술 하나 터지고 핸드폰, 지갑 잃어버린 것으로 분노하고 있었는데. 승민이 형은 얼마나 크게 다쳤길래.' 떨리는 손으로 PC 카카오톡 메시지를 보냈다.

"형 어제 무슨 일이 있었는지 모르겠지만, 이따가 전화돼?" 답장은 한참이 지나도 오지 않았다.

효근이에게 소식을 전해 들은 대학 동기 3명이 집에 찾아왔다. 그들의 손에는 두루마리 휴지 30롤 1팩, 라면 한 묶음, 도시락이 들려있었다.

"이 몰골로 어디 돌아다니기 힘들 거 아냐. 반 죽어있는 줄 알았는데 멀쩡히 살아있네."

동기들은 걱정보다는 내 얼굴을 보고 한참을 웃어댔다. "어제 무슨 일이 있었냐?"는 질문에는 나 역시도 어제 일이 궁금해 미칠 노릇이었다. 마침 잘 되었다. 핸드폰을 빌려 승민이 형에게 전화를 걸었다. 길게 울리는 발신 연결음은 나를 초조하게 만들었다.

"형. 많이 다쳤다던데, 병원이야?"

"병원에서 치료받는 중이었어. 일단 만나서 얘기하자."

모든 사건의 진실을 알고 있는 그가 집 앞에 찾아왔다. 푹 눌러쓴 모자, 마스크로 얼굴의 절반을 가리고 있었다. 미처 가리지 못한 왼쪽 눈은 시퍼런 멍과 함께 심하게 부어있었다. 마스크를 내리자 왼쪽 광대뼈의 멍이 나타났고 양쪽 입술이 찢어져 있었다. 이건 마치 치열한 난투 경기를 벌인 격투기 선수의 다음 날 모습과 같았다.

"형 도대체 어떻게⋯." 뒷말을 이을 수 없었다. 깊은숨을 몇 번 내뱉은 뒤에 그가 말문을 열었다.

"그게 말이지. 우리가 상대방이 거는 시비에 반응하지 말아야 했어."

"왜 시비가 걸렸는데? 경찰서에 신고는 했어? 난

맞고 언덕길 아래로 구르고 집에 친구를 데리러 간 것만 기억이 나. 맞아도 같이 맞아야 했는데, 미안해." 죄책감에 고개를 푹 숙이자, 형은 괜찮다며 어깨를 툭툭 치며 이야기를 이어갔다.

"상대편은 4명이었어. 우리 둘 다 기분이 좋아서 크게 대화하며 언덕길을 올라가는 중이었거든. 그때 어디선가 갑자기 '야! 조용히 안 해!'라고 소리치는 거야."

똥은 무서워서 피하는 게 아니라 더러워서 피한다고 했다. 맨정신이었으면 무시하고 피했을 일. 술기운이 오른 우리는 정면으로 맞선거였다. 고성방가도 아니었고 둘이서 즐겁게 대화하며 올라가고 있는 게 전부였으니까. 우리는 그 상황이 용납이 안 된 모양이었나 보다. 불의에 맞서지 않으면 부끄러운 일이라고 생각했던 걸까.

몇 마디를 주고받았는데, 한 명이 욕하면서 달려오더니 점프해서 내 뺨을 강하게 주먹질했다고 했다. 술에 취해 무방비 상태였던 나는 제대로 한 방 맞고 10m 언덕길 아래로 굴러떨어졌다.

맞아서 굴러떨어진 내 모습을 보고 승민이 형은 이성을 잃었다. 4대 1로 주먹이 오갔는데, 결과는 뻔했다. 거의 일방적으로 맞았다고 했다. 찰나의 순간이었다. 그들은 집단 폭행을 한 뒤 재빨리 도망쳤다.

새벽 늦은 시간대라 주변에 신고해 줄 사람이 없었다. 형은 술에 취해 상처에 대한 감각이 없었고, 지쳐있는 상태라 일단 집에 들어갔다고 했다. 경찰서에 왜 즉시 신고를 안 했는지 본인도 이해가 가지 않는다고 했다.

형은 어떤 대화가 오갔는지 정확히 얘기해주지 않았다. 본인도 많이 취한 상태였다고. 쌍방이라고 할지라도 우리가 더 크게 피해를 본 게 확실했다. 머뭇거릴 이유가 없었다. 우리는 동네 지구대에 가서 상황을 설명했다. 이야기를 들은 담당자는 형사 사건이므로 노원경찰서로 우리를 안내해 주었다. 드라마, 영화로만 경찰서를 구경했지, 실제로 이 공간에 있는 건 난생처음이었다.

앞에 있는 담당 형사는 본인의 명함을 내게 건넸다. 기억이 하나도 나지 않아 진술할 것도 마땅히 없었다. 잃어버린 물건을 얘기하며 이건 계획범죄이니 범인을 꼭 잡아달라 했다. 담당 형사는 주취폭력은 근절되어야 한다며 연락할 테니 기다리라 했다. 진술은 1:1로 이뤄졌다. '혹시 나에게 말 못 할 내용이 있을까?' 승민이 형의 진술 내용이 궁금했지만, 묻지는 않았다.

일상으로 복귀했다. 진술 후 2주의 시간이 흘렀지만, 형사로부터 연락이 없었다. 표면에 보이는 상처는 아물었지만, 마음의 상처는 아물지 않은 상태였다. 연락을 기다리고 있을 수만 없었다. 현장 근처에 있는 음식점과 편의점에 방문해서 CCTV를 요구했다.

"저기 혹시 CCTV 열람 가능할까요? 며칠 전에 싸움에 휘말려서요." 아르바이트 점원은 사장으로 추정되는 인물과 통화한 뒤에 딱 잘라 말했다.

"개인정보 보호 문제도 있고, 보여줘야 할 의무가 없다고 하네요."

어쩔 수 없이 담당 형사에게 전화했으나 조금만 기다려 달라는 말뿐이었다. 1주가 흘렀다. 형사에게 다시 전화가 왔다.

"CCTV로 확인이 안 되네요. 사각지대였나 봐요. 조금 더 알아보고 연락드릴게요."

전화가 울렸을 때 품었던 작은 희망이 사라지는

기분이었다. 그것이 경찰과의 마지막 대화였다.

가해자를 찾으려는 노력을 멈추고 싶지 않았다. 신체적 피해가 컸던 승민이 형이 찾으려는 의지가 없어 보였다. '나에게 말할 수 없는 형의 사정이 있었던 아닐까?' 기억이 나지 않는다는 것이 아킬레스건이었다. 내가 나서서 방방 뛸 수 없는 노릇이었다. 이 사건은 결국 미제 사건이 되었다.

짧은 해프닝으로 끝났지만, 나는 수개월 동안 '플라잉 펀치'라는 놀림을 받고 살아야 했다. 나에게 '플라잉 펀치'를 날린 그 녀석은 지금 잘살고 있을까? 부끄럽고 괴로운 일이었지만, 그 녀석은 몸소 배우지 않아도 될 술자리 교훈을 주었다. 첫째, 기억이 끊길 정도로 술을 마시지 말 것. 둘째 술을 마셨다면 곱게 집에 갈 것.

12년이 지난 일인데도, 술을 마시다 보면 불현듯 그때의 기억이 떠오른다. 인간은 망각의 동물이라는 데 잊히지 않는다. 그래서일까? 술을 과하게 마신 날도 얌전히 집에 들어간다. 어쩌면 몸이 기억하는지도 모른다. 그날의 충격을. 술 마시고 객기를 부려 경찰서에 가는 일은 없었다. 당연히 그래야 하고, 앞으로도 없어야 한다.

인생을 살다 보면 경험해야만 얻을 수 있는 교훈이 있다. 그러나 위와 같은 교훈은 예외다. 경험하지 않아도 간접적으로 깨달을 수 있다. 나의 어리석은 행동을 반면교사 삼아 같은 우를 범하지 말기를 바란다. 우리의 목숨은 하나다. 위험은 언제나 우리 주변에 있다는 사실을 잊지 말자. 당신이 나보다 더 큰 아픔을 겪었는지도 모르겠다. 이 글을 보고 있다는 건 위기를 넘겼다는 이야기. 이번 기회에 한 번 더 다짐하자. 술은 항상 곱게 마시기로.

'나 지금 떨고 있니?' 남들 앞에 서는 건 두려워
생활은 발표의 연속이다

'나 떨고 있냐?' 1990년대를 풍미한 드라마 〈모래시계〉의 명대사가 떠오르는 순간이 있었다. 대학교 3학년 교양수업. 시험 대신 프레젠테이션 발표로 최종 평가를 하는 수업이었다.

발표 날이 왔다. 40명 남짓 학생이 들어선 강의실 단상 위에 올라갔다. 고요한 적막 속에 모든 시선이 나를 향해 있었다. 전공 수업이었다면, 선후배, 동기 앞이라서 덜 부담스러웠을 터. 생판 모르는 사람들의 웃음기 없는 눈빛은 나를 숨 막히게 했다.

"안녕하십니까! 화학공학과 09학번…." 적막을 깨는 인사말과 함께 발표를 시작했다. 준비된 자료는 약 20장, 발표시간은 10분 내외였다. '일상생활 속 체육활동과 기대효과'에 대한 발표였다.

중학생 때 교내 축제에서 밴드 보컬로 무대에 섰고, 고등학생 때 부반장도 했던 나였다. 대학교 1학년 때 밴드에서 일렉트릭 기타를 연주하며 무대 공연을 2회 했었다. 3학년 때는 축구 동아리 회장까지. 이렇게만 보면 외향적인 성격에 무대 공포증이 없을 것 같다고 생각할 수 있겠지만, 그렇지 않다.

사람들과 어울리는 것을 좋아할 뿐, 내성적인 성

향이 강했다. 남들 앞에 서는 자리는 매번 두려웠다. 주목을 받으면 긴장감에 심장이 요동쳤고 떨면서 말했다. 연습을 충분히 하거나 할 말을 미리 준비하는 것으로 상황을 모면해 왔다. 즉흥적으로 뭔가를 해낼 수 있는 성격이 아니었다.

이번 발표는 성인이 된 후 남들 앞에서 가장 길게 말해야 하는 시간이었다. 곁에 의지할 동료 없이, 혼자만의 힘으로 이겨내야 했다. 발표 주제가 정해지고 일주일의 시간이 주어졌을 때, 발표를 잘하는 선배를 찾아가 물어봤다.

"형 발표할 때 안 떨려? 어떻게 하면 안 떨고 잘할 수 있어?"

"나도 사람이야. 당연히 떨리지. 티가 안날뿐이야. 대본을 외워서 하려고 하지 말고, 프레젠테이션 화면을 봤을 때 해야 할 말을 떠올려봐. 화면에 있는 키워드를 보고 자연스럽게 말이 나오도록 연습하는 거지. 대본을 잊어도 당황하지 않고 발표하는 방법이야."

 선배의 조언대로 대본을 외우려 하지 않았다. 5번의 발표 연습을 했다. 내용이 조금씩 달랐다. 그래도 대본 없이 화면을 보고 끝까지 말할 수 있음에 다행이라고 판단했다. 안일한 생각이었다.
 PC 모니터를 보며 혼자 연습하는 것은 실전과 다른 환경이었다. 긴장감이 없는 상황에서 시선 처리, 목소리 강약 조절, 발표 속도 등 '디테일'을 고려하지 않았다. 그저 내용을 설명하고 끝마치는 데 급급했다. '흐름만 끊기지 않으면 돼.'라고 생각하고 준비했다. 이제는 실전.

 20페이지 중 5페이지. 발표를 시작한 지 3분쯤 지났을 때였다.
 "어…. 음…. 잠시만요." 연습할 때 한 번도 막히

지 않던 구간이었다. 내용을 떠올리려 할수록 머릿속이 하얗게 변해갔다. 당황스러웠다. 머릿속의 지우개는 왜 하필 이럴 때 등장하는 것일까. 1분 같은 10초의 정적이 흘렀다.

"죄송합니다. 내용이 기억나지 않는데, 다시 발표해도 될까요?" 목소리는 기어들어 갔고, 등에서는 식은땀이 흐르기 시작했다.

"괜찮아요. 해당 부분은 넘어가고, 기억나는 내용만 발표하세요."

피할 수 없는 40명의 시선이 나를 괴롭게 했다. '동물원의 원숭이가 된다면 이와 같은 심정일까.' 흔들린 나의 멘탈은 좀처럼 돌아오지 않았다. 발표 도중에 정적의 순간이 계속 찾아왔고, 준비한 내용을 설명하지 못하고 넘어가길 반복했다. 가수들은 무대에서 노래 가사를 잊어도 몇 음절 후에 제대로 부른다. 나는 그렇지 못했다. 발표를 완전히 망쳤다.

 단상에서 내려왔다. 부끄럽고 괴로웠다. 울고 싶었다. 자리에 돌아와 고개를 푹 숙이며 두 손으로 얼굴을 감쌌다. 2인 1조 발표 과제였으므로 같은 조였던 형에게 미안하다고 했다. '발표를 망칠 거면 자신감 있게 하겠다고 말이나 하지 말지. 왜 나서 가지고.'라고 내게 속삭이는 것 같았다.

 '어떻게 하면 떨지 않고 공석에서 말을 잘할 수 있을까? 면접은 잘 볼 수 있을까? 직장생활은 발표할 일이 더 많을 텐데.' 미래에 대한 걱정이 꼬리를 물었다. 발표는 피하고 싶다고 피할 수 있는 게 아니었다. 극복해야 할 대상이었다.

 '피할 수 없으면 즐겨라.', '위기는 기회와 동반한다.'라고 했던가. 다음 학기 개강 후 며칠 지나지 않을 때였다. '발표생활 8기 모집'이라는 교내

게시판의 공고가 눈에 들어왔다. '생활은 발표의 연속이다.'라는 슬로건으로 발표 능력 향상을 위한 프로그램을 제공하는 동아리였다. 발표를 어려워하는 내게 기회임을 직감했다.

"우리 동아리에 지원하게 된 동기가 어떻게 될까요?"

"발표 울렁증이 있습니다. 면접을 보는 이 순간도 떨립니다. 떨린다고, 무섭다고 피하기만 한다면 발전할 수 없다고 생각했습니다. 정면으로 돌파하고 싶어 지원했습니다."

"우리가 당신을 뽑아야 하는 이유는요?"

"지원자 두 명이 있습니다. 한 명은 발표를 잘하는데, 더 잘하고 싶은 사람. 한 명은 발표를 못 하는데, 잘하고 싶은 사람입니다. 어떤 사람이 더 간절할까요? 가르치는 사람은 누구에게 더 큰 보람을 느낄까요? 이에 대한 답변이 저를 뽑아야 하는 이유라고 생각합니다."

 동아리 가입 후 2주일에 한 번 5분 발표를 해야 했다. 첫 발표 날은 자신감 없는 모습이 역력했다. 나 스스로 문제투성이라는 걸 알면서도 숨기지 않고 있는 그대로 드러냈다. 5명의 운영진은 발표자 8명에게 잘한 점과 보완할 점을 피드백해주었다. 귀담아듣고 메모하고 녹화한 영상을 돌려봤다. 누가 시키지 않아도 다음 발표를 철저히 연습했다. 실력이 형편없다는 걸 알고 있었기 때문이다. 타고나질 못했으니, 노력만이 유일한 방법이었다.

 총 7회의 커리큘럼. 회차마다 발표 실력이 향상됨을 느낄 수 있었다. 동아리 활동과는 별개로 대학교 수업 중 조별과제 발표를 도맡아 했다. 다들 하기 싫어하는 발표, 나서서 한다고 하니 영웅 대접을 받았다. 발표를 배우기도 했고, 면접, 사회생활 능력을 키우는 기회로 삼았다.

무대 위에 서는 건 언제나 떨렸지만, 발표 중간에 적막이 흐르는 상황을 더는 연출하지 않았다. 동아리 커리큘럼이 끝나고 선배들이 모인 학술제에서도 칭찬을 받았다. 운영진이 말하길, 잘했던 사람이 더 잘해진 것이 아니라, 형편없던 사람이 성장했다는 점에서 큰 보람을 느꼈다고 했다.

방법은 완벽한 암기였다. 완벽이란 말을 싫어한다. 추상적인 개념이고 객관적인 지표가 존재하지 않은 거니까. 그런데 발표만큼은 완벽에 가까울 정도로 암기해야 했다. 대본 암기는 물론, 몸짓, 손짓, 동선, 발음, 목소리의 강약, 말의 속도까지. 자연스러울 때까지 수십 차례 연습하고, 실제로 발표할 단상에서 리허설했다. 연습할 때 실전이라고 생각하고 이미지 트레이닝을 하는 게 하나의 포인트다.

발표를 배우며 깨달은 점은 본인에게 맞는 방법이 있다는 것. 연기자들의 애드리브(대본에 없는 대사나 즉흥 연기), 과장된 몸짓, 표정 연기는 계산된 것. 발표의 대가 스티브 잡스도 수개월 전부터 몸짓, 손끝 움직임 하나까지 치밀하게 준비한다는 사실이었다.

수십 차례 연습하다 보면 어느 순간 발표 내용을 자유자재로 가지고 놀 수 있는 단계에 이른다. 100번의 연습을 했다고 쳐보자. 자다가도 툭 치면 술술 대본을 읊는 수준이 될 것이다. 모든 것을 암기했지만, 암기하지 않은 것처럼 연기할 수 있다. 심지어 인간적인 실수와 말을 더듬는 것조차도.

'뭘 그렇게까지.'라며 시간이 아깝다는 생각이 들 수도 있겠다. 말 잘하는 정치인, 방송인, 강연가도 매번 대본을 완벽히 암기할까? 그들이 되어보지 않아서 모르겠다. 그들만의 방식이 있을 테고, 내공을 쌓기까지 보이지 않는 노력을 하지 않았을까 싶다. 남과 비교할 필요 없이 본인에게 맞는 방법을 찾으면 된다. 나로서는 암기가 최선이었다. 단점을 극복하는 방법이 있는 것만으로도 감사했다.

가끔 생각한다. 그날 교양수업에서 발표를 망치고 '두 번 다시 발표 안 해야지.'라고 마음먹었다면, 지금의 내 모습은 어떻게 변했을까. 해외 인턴, 취업 면접에 한 번에 합격할 수 있었을까. 직장생활을 잘할 수 있었을까. 남들 앞에서 말할 때마다 벌벌 떨고 있지 않을까.

치욕스러운 순간은 언제 찾아올지 모른다. 학창시절 성적이 좋지 않았을 때, 연애에 실패했을 때, 시험에 불합격했을 때, 직장에서 인사 고과가 나쁘게 나왔을 때, 주변 사람으로부터 무시당할 때

등등 다양한 형태로 누구나 겪는다.

  이때 우리가 취해야 할 자세는 불평불만, 좌절이 아니다. 성장의 기회이자 축복으로 받아들이는 것이다. 상황은 변하지 않아도 태도는 우리가 선택할 수 있다. 그날의 치욕이 가르쳐준 것은 발표의 기술이 아닌 삶에 대한 자세였다.

난생처음 비행기 탑승,
난생처음 UAE 아부다비
세계로 뻗어 나갈 해외 인턴 합격

"지원자님 합격했습니다."

인사 담당자와 통화하는 동안 내 손은 떨고 있었다. 룸메이트 수현(가명)이에게 합격의 기쁨을 전했다.

"수현아 나 합격이다. 남은 7개월 치 월세 한 번에 주고 갈게."

"쉬운 결정은 아니었을 텐데, 아무튼 축하한다!"

졸업을 앞둔 4학년. 마지막 1년은 같은 고등학교 출신 수현이와 투룸을 구해 살고 있었다, 수현이는 고등학교 기숙사 룸메이트였다. 가장 친한 친구였다. 같은 대학교의 다른 학과에 진학했다. 수현이는 전기공학과, 나는 화학공학과. 4학년 때 대기업 취업이라는 공통된 목표를 달성하기 위해 의기투합했다. 마지막 1년 동안 서로에게 힘이 되어주고, 각자 최선을 다하기로 다짐했다.

다짐이 통했을까. 4학년 1학기에 수현이는 과 전체 차석을 했고, 나는 과 전체 4등을 했다. 취업은 성적으로만 되는 것이 아니란 걸 알고 있었다. 자기소개서에 쓸 다양한 대외 활동이 필요했다. 1학년 때부터 동아리 활동, 봉사 활동, 교내 취업 프로그램 등 각종 활동을 쌓아왔지만, 결정적인 한 방이 부족했다. 졸업을 1학기 남기고 화룡점정을 찍고 싶었다.

화룡점정은 방학 기간 중 기업 인턴이었다. 학생 신분으로 실무 경험을 할 수 있는 최고의 대외 활동이다. 1학기를 마침과 동시에 대학교 관계자를 통해서 L사 협력업체에서 근무할 수 있었다. 그러면서 H사와 G사에 인턴을 지원했다.

H사는 방학 기간 중 2개월 국내 근무 조건이었다. 휴학이 불필요했다. G사는 해외 파견 근무 6개월 근무 조건이었다. 해외 경험이 없고, 어학 점수도 낮았던 터라 크게 기대하지 않았다. 합격한다면 최소 1학기 이상 휴학해야 하는 큰 결정을 내려야 했다.

속마음은 H사가 되길 바랐다. 해외에 대한 두려움이 있었고, 휴학 없이 빠르게 졸업 후 취업하고 싶었다. 면접도 H사를 더 잘 봤다고 생각했다. 그런데 이게 웬걸? H사는 탈락하고 G사에 합격해 버렸다.

"지원자님은 해외 경험이 없고 어학 성적도 미흡한데, 무엇을 믿고 뽑아야 하나요?"

"저는 실전 영어에 강합니다. 어학 성적이 높다고 회화를 잘하는 것은 아닙니다. 회화는 적극성이 중요합니다. 성적은 미흡하더라도 근성과 적극성으로 언어의 장벽을 뛰어넘겠습니다(면접관은 학교 성적과 대외 활동 이력을 확인하고 있었다). 기회가 주어진다면 출발 전 기본 회화는 반드시 학습할 예정입니다. 해외 현장에서 부딪치고 깨지면서 실전 영어를 터득하겠습니다. 근무 시간 외에는 영어 공부에 총력을 기울이겠습니다. 할 수 있다는 것을 꼭 증명해 내겠습니다."

유창한 영어 실력이면 좋겠지만, 해외 건설현장은 실전 영어로도 충분했다. 인턴으로서 전문적인 업무보다는 잡무를 해야 했기에 태도가 1순위였다. 전문적인 용어는 가서 배우면 됐다. 현장에서 부딪치며 배우려는 적극성과 사람들과 잘 어울리는 사교성이 더 중요했다. 그 점을 인사 담당자는 알고 있지 않았을까. 얼마 뒤 합격 통보를 받을 수 있었다.

H사는 불합격했지만, '오히려 좋다'고 생각하기로 했다. '이번 기회가 아니면 또 언제 해외 경험을 쌓을 수 있을까?'라는 생각이 들자, G사 합격 소식이 더욱 값지게 느껴졌다. 모든 것은 생각하기 나름이었다. 휴학을 하면 6개월에서 1년 뒤로 졸업이 밀리겠지만, 인생을 놓고 봤을 때 돈으로 바꿀 수 없는 경험이 될 것이니까. 과감한 도전을 선택했다.

"송금했어. 210만 원. 빈방은 다른 룸메이트 구해도 되겠다. 알아서 혀." 수현이에게 반씩 부담하던 월세 7개월 치를 송금했다. 신입사원 수준의 월급을 받을 예정이었으므로 부모님께 돈을 당당히 빌릴 수 있었다. 학기를 마치고 다니고 있던 L사 협력업체에도 상황을 설명하고 양해를 구했다. 휴학 처리를 했고 여권을 만들었다. 이제 남은 것은 UAE 아부다비행 비행기를 타는 것뿐이었다.

"아프지 말고 건강하게 잘 다녀와라. 연락 자주 하고."
"어머니, 아버지, 걱정하지 마세요. 좋은 경험 많이 쌓고 올게요."

부모님과 포옹을 한 뒤에 헤어졌다. 중학교 졸업 후 타지의 고등학교에 들어갔을 때, 지방에서 서울로 올라갔을 때, 한국에서 해외로 나갈 때 감정이 비슷했다. 홀로 새로운 세상과 부딪쳐야 했던 첫날의 감정. 두려움과 용기가 공존했고 긍정을 잃지 않았다. 그렇게 나는 조금씩 성장해 나가고 있었다.

태어나 처음으로 비행기에 탑승했다. 모든 것이 신기했다. 들어가는 통로, 인사를 건네는 승무원, 내부의 좌석. 잠시 뒤에 한국을 떠난다니 실감이 나지 않았다. 낯설다 못해 내가 있어야 할 자리가 아닌 것만 같았다. 비행기의 떨림인지 마음속 떨림인지 분간이 되지 않았다. 그 떨림을 고스란히 느끼며 이륙한 비행기 밖 풍경을 바라보았다.

서울로 올라와 5년 반 동안의 삶이 주마등처럼 스쳐 갔다. 첫 서울 생활에 적응하기 위해 살았던 통학 2시간 거리의 이모 집. 밴드부 활동을 위해 처음 독립했던 공간, 고시원. 1학년 2학기 개학 전에 잠시 살았던 고모 집. 보일러를 동파시켰지만, 낭만이 있었던 옥탑방. 복학 후 대학 생활의 전환점을 만든 원룸. 그리고 며칠 전까지 살았던 투룸까지. 살았던 공간을 확장할수록 나의 인생도 확장되고 있었다.

하늘에서 바라본 한국의 땅은 아름답고 넓었다. 지금까지 살았던 공간이 좁다고만 느꼈었는데. 아니었다. 고개를 들어 봐야만 했던 건물들이 발아래에, 고개를 낮춰야만 보였다. 커 보이던 건물과 높은 산이 점점 작아지자 어딜 가도 살아남을 수 있을 거란 자신감이 들었다.

'미래의 나는 어딘가에 살고 있겠지. 어딜 가서도 난 잘 해낼 수 있을 거야. 지금은 한국을 떠나지만 건강하게 돌아올게. 잘 있어라. 나의 조국 대한민국.' 마지막 인사를 건넸다.

6개월을 해외에서 잘 살아 낸다면 나의 공간은 한국이 아닌 전 세계로 확장될 거라는 기대감에 부풀었다. 두려움도 함께 존재했다. 아는 사람 한 명 없는 덩그러니 외딴섬에 가는 기분이었으니까. 첫 해외라는 기대감과 두려움, 과거와 미래를 생각하며 복잡 미묘한 감정에 휩싸였다. 피곤함이 갑자기 몰려왔다.

주변을 돌아보니 외국인 반, 한국인 반이었다. 들려오는 영어가 앞으로 계속 써야 할 언어. 공항에 도착하면 외국인 동료가 나를 기다리고 있을 거라고 했다. 동료에게 첫인사는 'Hi. Nice to meet you.'라고 해야 하나, 'I'm glad to meet you.'라고 해야 하나.

'근무지로 가는 길에는 무슨 얘기를 해야 하지?' 온갖 잡생각이 드는 찰나에 하나의 말이 떠올랐다. 일어나지 않은 미래에 대해 걱정하는 것은 시간 낭비라는 말. '이제는 실전이야. 어떻게든 되겠지.'라고 마음 편히 생각했다.

비행거리는 약 10시간. 타국에서 내딛는 첫 발걸음, 새로운 공간을 상상하며 잠을 청했다. 자는 동안 나의 공간은 세계로 뻗어 나갔다.

Part 2.

위기와 도전의 연속 사회생활

인턴의 첫 임무는 UAE 공항에서부터
눈떠보니 사막의 중심에, 꿈이길 바랐는지도 몰라

비행기가 곧 착륙할 거라는 기내방송이 흘러나왔다. 좌석 벨트를 착용하라고 했다. 새로운 모험이 시작될 테니 마음가짐을 단단히 하라는 말처럼 느껴졌다. 이륙할 때보다 심하게 요동쳤다. 이내 아무 일 없던 것처럼 부드럽게 멈추었다. 아부다비 인턴 생활이 처음에는 혼란스러울지라도 비행기 착륙처럼 금세 적응하길 바라며 밖으로 나갔다.

오전 5시, 탑승교(비행기와 공항 터미널을 연결한 통로)에서 바라본 바깥은 아직 어두웠다. 타국에서 첫발을 딛고 마시는 공기는 습하지 않고 따뜻했다. 한여름에는 50도에 육박한다는데, 습하지만 않다면 나쁘지 않겠다고 생각했다.

인턴의 첫 임무는 입국 심사와 외국인 동료 찾기. 길을 잃지 않기 위해서 함께 내린 승객들을 뒤쫓아 갔다. 한국 건설회사들은 2014년에 UAE에서 많은 프로젝트를 수행하고 있었다(현재도 그럴 것으로 추측한다). 따라서 입국 심사는 까다롭지 않을 거라고 예상했다. 준비된 답변은 방문 목적, 숙소, 거주 기간이었다.

"What is the purpose of your visit?" 예상대로였다. 출입국 심사관은 방문 목적이 무엇이냐고 물었다. 짧은 문장이었기에 자신 있게 답변했다. "For business." 알아먹는 눈치였다. 이대로 통과

시켜주길 바랐다. '하나 더 물어본다면 숙소 또는 거주 기간이길.'

"How to get to your accommodation?" 예상하지 못한 질문이 날아왔다. 다행히 알아들었다. '숙소에 어떻게 갈 거냐?'는 질문이었다. 그런데 선뜻 말이 나오지 않았다. '직장 동료의 차'라고 말하려 했다. 그런데 직장 동료라는 영어 단어가 생각나지 않았다. 침묵으로 일관하면 문제가 생길 것 같아 시간을 벌기로 했다.

"Sorry. Could you say that again?" 다시 말해달라 한 뒤 생각했지만, 떠오르지 않았다. 임기응변이 필요했다. "My friend is coming." 친구가 오고 있다고 했다. 여권에 찍히는 첫 번째 입국 도장이었지만, 일단 상황을 모면해야 했다. UAE에 한국인 친구가 있을 수도 있고, 온라인으로 사귄 글로벌 친구가 있을 수 있다. 그리고 전 세계인은 친구다.

어떻게 갈 건지를 물어봤지만, 당황해서 내던지다시피 답변했다. 등에서 식은땀이 흐르고 있었다. '알아들었을까? 나 못 들어가는 거 아니야? 아는 사람이 한 명도 없는데.' 머리가 하얘졌다. 그 순간 심사관이 입국 도장을 찍으며 씨익 미소를 보였다.

"Have a good day."

"Thank you."

입국 심사 첫 답변과 마지막 답변은 동일하게 두 단어였다. 그런데 목소리는 한참 작아져 있었다. 뭐든지 처음이 어려운 법. 경험하며 성장하는 것이다. 실수도 아니겠거니와, 설령 실수일지라도 의기소침할 필요는 없었다. 자랑스러운 일이었다. 실수가 두려워 시도를 안 하는 것이 부끄러운 일이니까. 이 사실을 그때도 알았더라면, 가볍게 웃으며 넘겼을 텐데 그렇지 못했다.

입국 심사를 마치자 더 큰 산이 남아 있었다. 외국인 동료와 숙소까지 함께 가기. 한 시간? 두 시간? 숙소까지 얼마나 걸릴지 아는 정보가 없었다. 그 시간이 몹시 길게 느껴질 것은 확실했다. 출구로 향하는 동안 마음이 무거웠다.

출구에 가까워지자 입국자를 마중 나온 삼십여 명의 사람들이 보였다. 외국인 동료는 내 이름을 적은 종이를 들고 있을 거라고 했다. 어렵지 않게 찾을 수 있었다.

"Hi, Nice to meet you."

앞 전의 일은 없었다는 듯이 최대한 밝게 인사를 건넸다. 검정 피부, 곱슬머리, 콧수염, 동양인과 서양인의 얼굴을 반씩 섞어 놓은 듯한 얼굴이었다. 어느 나라인지 모르겠지만, 영어를 모국어로 쓰는 나라는 아닌 듯했다.

그는 자신이 파키스탄 사람이며, 한국인 관리자

들의 드라이버라고 했다. 서로 자기소개를 하며 자동차가 있는 곳으로 이동했다. 느낌이 이상했다. 지금까지 한국에서 공부했던 영어가 아니었다. 영어는 맞는데, 억양과 문법이 특이했다. 내 영어 실력이 출중하지 않았던 것도 한몫했겠지만, 좀처럼 알아듣기 어려웠다. 한국식 어순과 인도식 발음의 영어였다. 정상적인 발음도 어려운 내게 처음 만난 인도식 영어는 무척 곤혹스러웠다.

숙소는 공항에서 30분 거리에 있는 Mussafah(무사파)라는 공업 도시에 있었다. 가까운 거리였지만 그 거리가 상당히 길게 느껴졌다. 외국인 동료는 하고 싶은 말이 많았다. 내가 받아주지 못해 미안할 뿐이었다. 대화 중에 알아듣지 못해 미안하다는 말을 다섯 번 정도 했다. 대화를 잠시 쉬고 싶었다. 방법은 양심 고백.

"I don't speak English very well." 나 영어 잘 못 해. '제발 그만'은 생략했다. 그래도 무슨 의미

인지 알아차렸다. 배려심 있는 동료는 나에게 사색의 시간을 주었다. 날이 밝아오고 있었다. 숨기고 싶은 치부가 더 드러나는 기분이었다.

'잘할 수 있을까?'라는 생각은 늦었다. 아부다비에 온 순간 의미 없는 생각이었다. 어떻게든 잘 해내야만 했다. 부끄러운 순간은 계속 마주할 테지만, 독하게 마음먹기로 했다. 모르는 것은 모른다고 얘기해서 일을 키우지 않기로. 수단과 방법을 가리지 않고 영어 공부에 전념하기로. 방법이 없었다. 그렇게 하는 수밖에. 그 어떤 동기부여보다 강력한 인생의 기술을 자연스럽게 체득했다. '할 수밖에 없는 환경에 노출 시키기'.

어느새 숙소에 도착했다. 큰 대문 안에 고급 단독주택 느낌의 3층 건물 3동이 있었다. 한 건물의 1층에 마련된 식당에 들어가 잠시 대기했다. 20분쯤 지났을까. "안녕하세요." 누군가 인사를 건넸다. 난생처음 실전 영어로 지쳐있던 내게 단비와 같은 한국말이었다. 같은 부서에 근무할 40대 중반 팀장이었다.

"너무 걱정할 것 없어요. 우리 팀은 시운전(실제로 사용하기 전 시험 삼아 하는 운전)팀인데, 정유사에서 정년퇴직하고 온 한국 어르신들(정식 명칭은 부장님들) 협조만 잘해주면 돼요. 외국인 근로자도 많지만, 젊으니까 잘 적응할 거예요."

팀장은 나를 안심시키는 어투로 얘기했다. 전혀 안심되지 않은 게 문제였지만. 경험한 자에겐 쉬운 일이 그렇지 않은 자에게는 두려운 일이다. 공항에서 숙소까지 오는 길에 겪었던 고난이 몇 배로 다가올지 알 수 없었다. 그래도 한국말을 쓰는 이 순간이 감사했다.

팀장과 함께 숙소에서 20분 거리의 근무지로 출

발했다. 근무지에 가까워질수록 건물은 사라지고 사막 형태의 황야가 등장했다. 도착하면 전 인원에게 인사할 예정이며 저녁에는 팀 환영회를 할 거라고 했다.

지금 이 순간이 꿈만 같았다. 어제까지만 해도 한국에서 편히 생활하고 있었는데, 사막의 중심에서 처음 보는 사람들과 사회생활을 한다는 게 말이다. 꿈이길 바랐는지도 모른다. 24살의 대학생에게 버거웠을 테니까.

고난의 터널로 들어가는 순간이었다. 다행인 것은 끝이 있는 터널이라는 점. 앞으로만 나아가기로 했다. 드넓게 펼쳐진 황야가 나를 향해 첫인사를 건넸다.

'처음이라서 두렵지? 괜찮아. 누구나 처음은 있어. 자신이 한없이 작아 보이는 순간도 있을 거야. 그런데 기억해. 그건 너의 진짜 모습이 아니라는 걸. 머지않아 진정한 너의 모습을 찾게 될 거야. 이 세상에 쓸모 있는 존재로서 말이야. 누가 알아? 나도 곧 쓸모가 있는 땅으로 변할 줄.'

아부다비에서 만난 대한민국
해외 건설현장을 누비는 6명의 '슈퍼맨'

'덜컹덜컹' 차가 흔들리기 시작했다. 건설현장 사무실에 거의 도착했다는 신호다. 달콤한 쪽잠을 마치고 눈을 비비며 차에서 내렸다. 6시 30분. 주황빛이 어둠을 밀어내고 사막 모래의 습한 냄새가 하루의 시작을 알렸다.

가장 먼저 가는 곳은 간이 식당. 이곳을 '함바집'이라 불렀다. 일본어 '한바(はんば)'에서 유래한

말로 건설현장의 인부들에게 숙식을 제공하기 위해 세운 임시 건물을 뜻한다.

문을 열고 들어서자 익숙한 냄새가 코를 찌른다. 김치찌개, 불고기, 잡채, 장조림, 김치. 이곳이 UAE인가? 한국인가? 해외에 파견 나간 한국인을 위해 맛에 신경을 쓴 걸까? 8개월 동안 이곳에서 먹었던 한식은 '미쉐린(미슐랭) 3스타'의 음식보다 맛있다고 느꼈다.

"맛있게 드십시오."

"많이 먹으래이. 어제 먹은 고래고기 어땠나? 맛있었제?"

울산 출신인 박 부장은 휴가 복귀를 하며 고래고기를 사 왔다. 태어나 처음으로 먹어본 고래고기. 내 입맛에는 맞지 않았다. 아침 식사를 함께하는 같은 팀 직원은 40대 1명, 60대 6명, 만 24살의 나까지 8명이었다. 한국인은 4개월에 1번 휴가를 다녀왔는데, 복귀할 때마다 먹을거리를 가져왔다.

그날 저녁은 팀 회식이다. 한 달에 두 번꼴.

얼마 전만 해도 또래들과 술잔을 기울이던 나였는데, 낯설었다. '이것이 진정한 사회생활인가? 아버지뻘 되는 분들과 술자리 겸상이라니.' 처음에는 긴장했지만 한 잔, 두 잔 먹다 보니 어느새 회식을 즐기고 있었다. 다른 팀의 사원, 대리와도 일주일에 1번에서 2번 음주를 했다. 덕분에 세대를 넘나드는 직장 회식 문화를 섭렵할 수 있었다.

아침 식사를 마치고 나오니 7시가 넘었다. 주황빛이었던 하늘은 푸른빛이었다. 사무실로 들어와 커피믹스를 마시고 업무 준비를 하다 보면 7시 30분. 아침 체조를 위해 약속된 공터로 갔다. 익숙한 노랫말이 흘러나왔다. 학창시절 내내 들었던 국민체조 노래.

"국민 체조 시작, 하나, 둘, 셋, 넷, 다섯, 여섯, 일곱, 여덟, 둘, 둘, 셋, 넷…." 단상 위 직원의 동작에 맞춰 근로자들이 단체로 몸을 풀었다.

"Safety First! 좋아! 좋아! 좋아!" 하루 업무의 시작이었다.

내가 있던 현장은 아부다비 국영 석유공사 아드녹(ADNOC) 산하 정유회사 TAKREER가 발주한 정유 파이프라인 설치공사였다. 공식 명칭은 Inter Refinery Pipeline Ⅱ 프로젝트. 한국의 G건설사가 6억 2,312만 달러(약 9,000억)에 수주했다. 직경 10~28인치, 약 1,000km에 이르는 파이프라인을 정유공장과 아부다비의 여러 터미널에 연결하는 공사였다.

이곳은 계급사회였다. 발주처를 제외하고 4개의 계급이 존재했다. 매니저, 엔지니어, 포맨(foreman), 작업자였다. 계급에 따라 모든 것이 정해졌다. 숙소의 경우 매니저는 1인실, 엔지니어는 2인실, 포맨은 4인실, 작업자는 6인실. 매니저에게는 개인 운전기사와 SUV 차량을 제공했다.

매니저는 발주처 응대 및 현장 관리, 엔지니어는 사무 업무 및 현장 작업 지시, 포맨은 작업 수행 및 지시, 작업자는 몸으로 일을 했다. 매니저는 다수의 한국인과 소수의 인도인으로 구성되어 있었다. 엔지니어, 포맨, 작업자는 인도, 필리핀, 파키스탄, 방글라데시 출신이었다.

계급사회를 잘 느낄 수 있었던 건 내가 소속한 팀의 영향이 컸다. 시운전팀에 있으며 현장 근무자들과 접촉할 기회가 많았기 때문이었다. 시운전은 건설 단계가 끝나고 사용하기 전에 설비를 시험 운전하는 것을 말한다.

내가 근무했던 8개월은 시운전 단계였다. 현장 인원수가 우리 팀이 가장 많았다. 한국인 매니저 8명, 외국인 매니저 2명, 인도, 파키스탄 엔지니어

20명, 포맨과 작업자 100명 정도였다. 공사 구간별로 시운전하며 발주처로부터 승인을 받았는데, 이는 공사 납기와 비용에 직결된 문제였다. 수정 사항이 없을수록, 공사가 빨리 종료될수록 발생 비용이 적었다.

60대 한국인 부장 6명은 '슈퍼맨'과 같은 존재였다. 한국의 정유사에서 약 40년간 몸담으며 쌓은 기술력으로 이 프로젝트를 끝내기 위해 투입된 인원이었다. 현장 라인에서 평생을 바쳐 근무했기에 누구보다 라인 특성을 잘 알고 있었다. 그들은 현장을 진두지휘했다. 속전속결로 문제점을 파악하고 수정하고 보완해나갔다.

의사소통은 그들에게 큰 문제가 아니었다. 라인 근무의 경우 신호를 정확히 주고받아야 한다. 그렇지 않으면 사고가 발생할 수 있다. 유심히 외국인 근무자들과 대화하는 것을 지켜봤다. 박 부장이 도면을 보면서 인도 엔지니어에게 설명했다.

"디스 파이프 디스 파이프 조인트 볼 발브 버터플라이 발브 체인지. 오케이?"

"오케이, 썰(Sir)."

속으로 생각했다. '뭐지? 이렇게도 소통이 된다고?'

해석하자면 두 개의 파이프를 연결하는 부위의 볼밸브를 버터플라이 밸브로 바꾸라는 의미였다. 글로 쓰니 어렵게 느껴질 수 있으나, 현장에서 도면을 손으로 짚으며 설명하니 이해가 쉬웠다. 당혹스러웠지만, 이곳만의 현장 영어였다. '로마에 가면 로마의 법을 따르라'고 했다. 여기서는 그들의 영어도 옳은 방식이었다. 어찌 되었든 의사소통이 되는 거니까.

오해는 하지 말자. 모든 한국인이 이와 같은 엉터리 영어를 쓴 건 아니었다. 다른 한국 직원들은 문법에 맞게 영어를 구사했다. 알아듣기 힘든 인도식 영어는 나를 곤혹스럽게 했지만, 엉터리 영어는 힘든 현장에서 나를 즐겁게 했다. 일단 잘 들렸다. 한국말을 섞어서 할 때는 재밌기도 했다.

무전기로 대화 중 퀵클리(quickly)가 떠오르지 않을 때 "넘버 쓰리 밸브 오픈. 빨리빨리!" 이런 식으로 표현하는 것이다. 억양 때문인지, '빨리빨리'라는 한국말을 아는 것인지 모르겠지만 현장 근무자가 용케 알아들었다.

이런 엉터리 영어로 대규모 프로젝트 현장을 이끈다는 게 대단하다고 느꼈다. 문법을 지키지 않아도, 유려하지 않아도 괜찮다. 아무렴 어떤가. 언어의 최대 목적은 의사소통 아닌가. 그 목적을 충실히 수행하고 있었다. 이것이야말로 진정한 생존 영어였다.

한낮에 섭씨 40도가 넘는 현장. 그늘 하나 없는 곳에서 땀 흘리며 일하는 외국인 노동자를 보며 만감이 교차했다. '1970년대 중동으로 파견 나간 우리의 조부모님, 부모님의 모습이 이랬을까?' 젊은 시절 어린 자녀들과 아내를 두고 쿠웨이트에서 일했다던 외조부가 생각났다.

1970년대 한국의 노동자들은 중동에서 선진국 기업의 하도급 형태로 일을 했다. 도로, 하수, 항만, 주택과 같은 인프라 구축을 위한 건설현장이었다. 그곳에서 한국인은 엔지니어, 포맨, 작업자였다.

2000년대 이후 한국인의 위상은 달라졌다. 한국 기업들은 하도급 형태가 아닌 단독 또는 컨소시엄(공동 목적을 위해 조직된 협회나 조합) 형태로 수주를 받았다. 우리나라의 기술력을 인정받은 것이다. 한국인은 작업자에서 관리자가 되었다. 경험이 없는 외국인 엔지니어, 포맨, 작업자가 한국의 기술을 배우고 있었다. 우리가 과거 선진국으로부터 기술을 배운 것처럼.

사무실과 현장을 오가며 땀을 흘렸더니 어느덧 퇴근 시간이 왔다. 17시 30분. 숙소로 돌아가는 차에 탑승해 창밖을 바라봤다. 하늘은 다시 주황빛으로 물들고 있었다.

10년이 지난 지금 글을 쓰며 함께 일했던 동료들을 떠올린다. 짧은 중동 생활이었지만, 깨달을 수 있었다. 그곳에서 흘린 땀방울이 단순히 외화벌이 수단이 아닌 한국의 위상을 높이는 일이었음을. 지금도 누군가는 그 일을 하고 있다. 타국에서 치열한 하루를 살아가는 이들에게 응원의 말을 전한다.

'갓벽'한 내가 취준생이 될 줄이야
완벽한 휴학생의 허술한 취업 준비

원하는 직장에 쉽게 취업할 수 있겠다고 생각했다. 4학년 2학기 복학 전에 보낸 휴학 생활이 완벽했다고 판단했으니까. 해외에서 10개월을 보내고 한국으로 돌아왔을 때 무엇이든 할 수 있을 것 같은 자신감으로 가득 차 있었다.

자신감 상승에는 UAE 현지 인사 담당자가 한몫했다. 원래 근무 계약 기간은 6개월. 종료 한 달 앞

두고 나를 불렀다.

"근무 기간을 2개월 더 연장할 수 있을까요? 일도 일이지만, 직장 동료분들과 대인 관계도 좋고 현지 생활에 잘 적응해서 보내기 아쉽네요." 대학교는 1년 휴학을 신청한 상태였고 복학 전 6개월의 시간이 남아 있었다.

UAE에 오기 전 최초 계획은 귀국 후 6개월 동안 화공기사 자격증 취득과 어학 점수 올리기였다. 해외 인턴으로 화룡점정을 찍었지만, 혹시나 모를 단점을 없애자는 전략이었다(기업 공채 서류 합격률을 높이기 위한 최종 작업). 이 계획은 근무 4개월 차에 바뀌었다. UAE를 포함해서 10개국을 여행하고 귀국하는 것으로.

영어가 미흡했던 첫날의 기억은 저 멀리 사라졌다. 듣기 어려웠던 인도식 영어에 적응하고, 귀와 입이 트이자 새로운 모험을 하고 싶어졌다. 나중에 시간이 없어 못 간다는 장기간 유럽 여행을 계획했다. 시간도 경제력도 충분했다.

곧바로 여행을 떠나도 되었지만, 인사 담당자의 제안을 거절할 이유도 없었다. 실무 경험과 경제적인 여유를 더 갖출 수 있는 제안이었다. 귀국 후 취업 준비 시간은 줄어들겠지만, 경험이 더 중요했다. 최초 계획했던 6개월의 취업 준비 기간은 유럽 여행 2개월, 근무 계약 연장 2개월이 추가되면서 2개월로 줄어들었다.

2개월의 시간이 흘렀다. 그동안 여행 장소, 숙소, 교통편을 정리해두었다. 여행을 떠날 즐거운 상상을 하고 있던 날, 인사 담당자는 나를 또 불렀다.

"복학이 언제라고 했죠? 1년 휴학했으면 아직 4개월의 시간이 있으니 2개월 더 연장할 수 있을까요?"

"과장님 제안은 감사한데요. 귀국하기 전에 유럽 여행 갔다가, 한국에서 취업 준비하려고요."

"취업을 여기로 하면 되죠. 학교에 취업계 내고 장기 계약하는 건 어때요?"

실제로 현지에서 장기 계약으로 근무하는 한국인들이 몇몇 있었다.

"공채가 아니라 계약직이지 않습니까. 저는 그렇게 취업하고 싶지는 않습니다."

"지금 받는 월급의 두 배로 드린다 해도 안 하실 건가요?"

인사과장은 내가 거절할 것을 예상한 듯이 강력한 제안을 했다. 정직원은 해외 근무 수당으로 한국 대비 1.9배의 월급을 받고 있었다. 정직원에 가까운 수준을 제안한 것이었다. 망설임 없이 대답했다.

"저는 눈앞의 돈을 선택하기보다는 더 넓은 세상을 경험하고 싶습니다."

일정 기간 계약직 근무 후에 정직원으로 전환해 주는 선례가 있었으나, 나까지 그러하리란 보장은 없었다. 무엇보다 해외 근무는 많은 것을 포기해야 했다. 친구, 가족, 한국에서 할 수 있는 여가 생활 등. 4개월에 한 번씩 휴가를 가더라도 외로움을 극복하기 어려워 보였다. 나에게 중요한 것은 돈이 아닌 경험과 자유였다. 그때의 결정은 지금도, 앞으로도 후회하지 않을 것이다.

계획대로 2개월 동안 여행 후 10개월 만에 귀국했다. 두려웠지만 극복한 첫 해외 근무, 현지 인사과장의 회유, 나 홀로 유럽 여행까지 마치고 돌아오니 내가 대단한 능력이 있는 것처럼 느껴졌다. 실제로는 마지막 학기를 남겨둔 취업준비생뿐인데도. 복학하기까지는 2개월의 시간이 채 남지 않았다. 화공기사 자격증 취득은 미뤄두고 어학 시험에 집중했다.

과거에 600점대였던 토익 점수는 800점이 되었다(만점 990점). 2015년 기준 800점은 공대생으로 평범한 수준이었다. 듣기와 읽기 2가지 항목이 있는데, 듣기는 고득점이었지만 읽기 점수가 만족스럽지 못했다. 하지만 취업이 잘될 거란 믿음은 꺾이지 않았다.

1년 만에 학교에 갔다. 나처럼 1년간 휴학한 동기들과 후배들이 있었다. 대학원에 진학하는 일부를 제외하면 취업이라는 하나의 목표를 두고 있었다. 졸업과 동시에 취업하는 사람, 졸업 후 취업 준비를 하는 사람 두 부류로 나뉠 운명이었다. 우리는 모두 전자를 원했다. 지금까지 쌓아온 이력을 돋보이게 포장하여 입사지원서를 넣기 시작했다.

주변에서 나는 취업이 쉽게 될 것이라며 부러움을 표현하기도 했다. 실제로도 그럴 것이라 믿었다. 내 주변에는 나만큼 특별한 경험을 한 사람이 없었기 때문이었다.

 다니고 싶은 대기업만을 골라 약 20곳에 원서를 넣었다. '5곳은 합격하지 않을까.'라며 내심 기대했다. 결과는 단 2곳 합격. 기대의 절반에도 미치지 못했다. 심지어 인턴을 했던 회사도 불합격했다. 이메일을 열어 볼 때마다 자존감이 하나씩 깎여 나가는 기분이었다.

 합격한 2곳에 감사히 여기고 철저히 준비해야 했는데 그마저도 인적성 시험에서 탈락의 고배를 마셨다. 그렇게 15년도 하반기 공채 시즌은 면접도 가지 못한 채 허무하게 막을 내렸다.

 취업이 잘될 거란 생각은 착각이었다. 첫 도전은 완벽한 실패였다. 졸업 후 취업 준비를 하는 사람의 부류가 되었다. 쥐구멍으로 숨고 싶었다. 기대가 크면 실망도 큰 법인데 내게 너무 많은 기대를 했다. 스스로 겸손하지 못했다는 점이 부끄러웠다.

본격적인 게임은 이제 시작인데, 한동안은 좌절의 늪에서 빠져나오지 못해 술을 마시며 자책했다. '인적성 시험을 조금 더 간절하게 준비할걸.' '자격증을 미리 취득해 놨어야지.' '해외 경험에 비교해 영어 점수가 형편없어.'

혹자는 '눈을 낮추면 될 일 아니냐.'라고 할지도 모른다. 그런데 취업준비생들은 알 것이다. 자존심이 허락하지 않는다는 걸. 취업 준비 기간이 3년 이상 장기화가 되기 전에는 그 자존심을 지켜도 된다고 생각한다.

졸업식을 앞두고 한 달 동안 힘든 시간을 보냈다. 세상은 정해진 규칙처럼 돌아가는데, 나 혼자만 멈춰있는 듯한 느낌이었다. 모든 통제권은 나에게 있으나 자유가 아닌 인내의 시간이었다. 취업한 친구들을 만나면 위로를 받기도 했지만, 의도치 않은 상처를 받기도 했다.

 25년의 인생을 놓고 보자면 도착점은 취업이었는데, 그곳이 어디인지 불투명할 때 느끼는 감정은 암흑 속에 있는 것과 같았다. 그렇다고 멈춰있을 수만은 없었다. 움직이지 않으면 변하는 것은 아무것도 없을 테니까. 누군가 빛이 있는 곳에서 소리친다고 해도 그 암흑 속을 벗어나려면 내가 움직여야 했다. 누구도 해결해 줄 수 없었다. 스스로 이겨낼 수밖에는. 그렇게 나는 취업전선에 다시 뛰어들었다.

화장실에서 먹은 '눈물의 간장계란밥'
벼랑 끝 전술로 취객과 기네스 흑맥주로부터 탈출

이른 아침 친구는 출근하고 나는 책가방을 챙겼다. 집을 나서기 전 마지막 준비물은 '간장 계란밥'. 도시락에 흰 쌀밥을 넣고 반숙 계란 프라이 2개, 진간장 2스푼, 참기름 살짝, 그리고 신나게 비벼주면 완성이었다. 취준생(취업 준비생) 시절 점심에 지겹도록 먹었던 단일메뉴. 나는 이것을 '눈물의 간장계란밥'이라고 불렀다.

졸업과 동시에 금융권 기업에 취업한 고향 친구 김선우(가명)가 내게 손을 내밀었다. 본인의 자취방에서 숙식하며 취업 준비를 하라고. 그렇게 서울 신촌의 한 원룸에 들어갔다. 친구는 학생증을 건네며 본인이 다녔던 대학교에서 공부하라고 했다(졸업생이어도 학생증으로 출입할 수 있었다). 집에서 도서관까지 걸어서 15분. 가까워서 처음에는 도시락을 쌀 생각을 하지 않았다.

　첫날, Y 대학교 도서관 출입구에서 카드 인식하는 곳에 학생증을 가져다 댔다. 반응하지 않았다. 학생증을 떼었다가 가져다 대기를 여러 차례 반복한 뒤에야 문이 열렸다. 알고 보니 칩 부분이 닳아서 인식이 잘 안된 것이었다. 이대로라면 매번 눈치를 살피면서 여러 시도 끝에 출입해야 한다는 것인데, 불편하기 짝이 없었다.

학생증에 있는 얼굴이 내 사진이 아니니까 다른 학생 또는 관리인에게 도움을 요청할 수도 없는 노릇이었다. 점심을 먹기 위해 나왔다가 다시 들어가려는데, 학생증 인식이 또 문제였다. 짜증이 확 밀려왔다. 힘겹게 들어간 뒤 그날은 저녁밥도 먹지 않고 공부했다.

　"선우야 니 학생증 맛이 갔는디. 지금까지 어떻게 들어갔냐?"
　"어 그래? 나 모바일 학생증으로 들어갔지."
　"모바일 학생증 발급해서 나한테 좀 보내 주라."
　선우는 핸드폰을 잠시 만지작거리더니 고개를 갸우뚱했다.
　"어? 졸업했다고 바로 정 없이 막아 버린다고?"

　졸업생은 모바일 학생증 발급이 불가했다. 당연히 일반 학생증도 재발급은 안 될 터. 차선책을 선택했다. 걸어서 20분 거리에 있는 S 대학교 도서관으로 다니기로 했다. 그곳에도 고향 친구 중 한 명이 대학원생으로 다니고 있어 도움을 받을 수 있었다.

그때부터 나의 점심 메뉴는 항상 '간장계란밥' 도시락이었다. 밖에서 사 먹기엔 돈이 아까웠고, 집으로 가기엔 거리가 너무 멀었다. 당시 부모님께 용돈을 받지 않고 해외에서 벌어온 돈으로 생활하고 있었다. 취업 준비 기간이 언제까지 이어질지 모르는 상황. 수중에 남아 있는 1년 정도의 생활비를 최대한 아껴서 사용해야 했다. 밑반찬을 사거나 요리하는 것은 사치였다.

본격적인 취업 준비를 시작했다. 입사지원서가 강력해지기 위해 높은 어학 점수와 자격증이 필요했다. 학교로 가는 길은 영어 듣기를 하고 오전은 영어 문제 풀이, 오후는 전공 기사 자격증과 기업

인적성 필기시험을 공부했다.

  시간을 아끼기 위해 점심을 후다닥 먹었는데, 보통은 건물 앞 벤치에 앉아 먹었지만 어떤 날에는 화장실에서 먹기도 했다. 동기부여를 위해 열악한 상황을 일부러 자처했다. '벼랑 끝 전술'이라고 판단한 것인데, 지금 생각하면 멀쩡한 곳을 두고 왜 그랬나 싶다.

  당시 함께 취업 준비 중이던 고향 친구 정세운(가명)과 자주 통화를 했다. 세운이와 통화를 할 때면 동질감을 느끼고 심적으로 위로가 되었다.

  "오늘도 간장계란밥 먹었냐?"
  "1분 1초라도 아껴야제. 오늘은 화장실에서 한 번 먹어봤다."
  "도대체 왜 그러는거여 자네. 거기가 군대도 아니고. 화장실에서 먹는 건 이등병 시절 눈물 젖은

초코파이 먹을 때나 있는 일인디. 눈물 없이는 들을 수 없는 사연이구만."

'눈물의 간장계란밥'이 탄생하는 순간이었다.

처절하게 시간을 아껴가며 공부했다. 저녁에 귀가하면 저녁밥은 혼자 챙겨 먹기 일쑤였다. 선우는 갓 신입사원으로 주 5일 중 4일은 회사에서 회식하거나 밥을 먹고 9시에서 11시 사이에 집에 들어왔다. 그 녀석(술 취한 선우)은 어김없이 검정 비닐봉지에 기네스 흑맥주 4캔을 담아왔다.

입사지원서를 쓰다 말고 그 녀석과 1시간 정도 말동무가 되어주었다. 잠들기 전 루틴과도 같았다. 그 집에서 6개월 동안 먹은 기네스 흑맥주만 해도 족히 200캔은 넘었다. 그래서인지 그때 이후로 기네스 흑맥주는 입에도 대지 않는다. 힘들고 비참했던 그 시절의 기억이 함께 넘어올 것만 같아서다.

"네가 직장인의 고충을 아니? 야 진짜 힘들어."

"내가 어찌 알겠냐."

"취업 준비가 호락호락하지 않아. 지금보다 더 열심히 해야 해."

'졸업 후 취업 준비도 안 해본 놈이 뭘 아냐?'고 열 받아서 소리치고 싶었지만, 긁어 부스럼 만드는 것밖에 되지 않았다. 항상 내 마음속에는 '얹혀사는 주제에.'가 메아리처럼 돌아왔으니까. 그리고 취객과 싸워서 뭘 하겠냐. 그저 화를 삭일 뿐이었다.

"그래? 알았어. 더 열심히 해볼게."

"아니다. 천천히 해도 돼. 회사 다니면 정말 힘들다. 맨날 술 마셔야 하고. 자유가 없어."

"그래? 에이 그래도 빨리 취업해야지."

'자유가 없긴 개뿔. 술 좋아해서 마시는 것도 있잖아! 그리고 취업 준비가 자유냐?' 속으로만 생각할 뿐이었다.

선우는 조언이라고 생각했겠지만, 술에 취해 필터를 거치지 않은 말들을 쏟아낼 때가 있었다. 그 말들은 비수처럼 날아와 내 마음 깊은 곳에 꽂혔다. 받아내고 인내하는 것은 오로지 나의 몫. 빨리 자취방에서 탈출하고 싶은 마음뿐이었다. 신입사원 앞에 취업 준비생의 자존감은 낮다 못해 없는 상태와도 같았다.

서운한 감정은 잠시였다. 중학교부터 단짝이었던 그 친구가 나를 사랑한다는 것을 알고 있었다. 이런 상황이 나를 더 악에 받치게 했고, 공부에 더 몰입하게 했다. 선우는 빨리 취업하도록 동기부여를 해줬던 참 고마운 친구다.

한 달 뒤 토익성적은 800점에서 915점(990점 만점)으로 올랐다. 이는 16년도 기준 공대생으로서 최상위권이었다(기업에서 어학 능력 평가 시 보통 이과생 900점, 문과생 기준 950점 이상을 최상위권으로 인정). 동시에 토익스피킹 점수도 공대생 평균 이상을 확보했고, 2주 뒤 전공 기사 자격증 필기시험도 합격했다. 상반기 기업 공채에 약 20곳을 지원했고 5곳에서 서류합격 통보를 받았다.

여전히 어려웠던 필기시험은 5곳 중 2곳에 합격했고 면접의 기회가 주어졌다. 작년 서류합격 2곳, 필기시험에서 불합격의 고배를 마신 것에 비하면 큰 발전이었다. 상반기 공채는 하반기 공채보다 채용 규모가 작다. 그래서 최종 불합격된다고 할지라도 하반기 때 합격할 수 있겠다는 자신감이 생겼다. 실기만 남겨둔 기사 자격증을 취득하면 입사지원서가 완벽에 가까웠고, 인적성 필기시험도 내공이 쌓였기 때문이다.

면접을 본 뒤 결과에 신경 쓰지 않고 공부를 하고 있던 날이었다. 한 회사에서 결과 통보라는 문자가 왔다. 긴장 반 설렘 반으로 열었다. 결과는 최종 합격! D그룹 계열사 강남 본사 근무 조건의 공정 설계 엔지니어로 채용되었다.

곧바로 부모님과 친구들에게 합격 소식을 전하며 기쁨을 만끽했다. 6개월이라는 시간 동안 처절하게 준비하며 마음고생했던 순간들이 주마등처럼 스쳐 갔다. 끝이 불투명했던 취업 생활을 청산했다는 게 정말이지 속이 후련했다. 무엇보다 취객의 쓴소리와 기네스 흑맥주로부터 드디어 해방이었다!

그날 술을 진탕 마시고 늦잠을 잤다. 나의 일상은 180도 바뀌었다. 기쁨이 사라진 것은 아니었는데, 이상하게 허무한 감정도 일어났다. 그때 느낄 수 있었다. 어떤 목표를 향해 나아갈 때, 그 과정에 행복이 있다는 것을. 목표를 달성한 뒤 돌아보니 지금까지의 과정이 모두 행복이었다. 결과는 또 하나의 시작일 뿐 그 이상 그 이하도 아님을 깨달았다.

후회하지 않으려면 포기하지 말아야 한다. 실패는 있어도 포기는 없다. 다시 도전하는 것이다. 포기하면 남의 것이 되지만, 이겨내면 나의 것이 된다. 그러니 목표가 있다면 될 때까지 한다는 생각으로 과정 자체를 즐겼으면 한다. 어두운 터널의 끝은 항상 존재하니까. 지나온 뒤 돌아보면 별것 아니란 생각에 허무할지도 모른다. 그렇지만 결과는 나의 것이 되고 모든 과정은 행복한 순간으로 남을 것이다. 나는 이 인생의 가르침을 죽는 날까지 잊지 않으려 한다.

자네는 꼭 나 신입 사원 때 모습 같아
회식 문화만 잘 이용해도 반은 먹고 들어간다

'취업턱' 취업하면 의례적으로 치르는 행사. '나에게도 이런 날이 오다니.' 약속 장소에 가는 발걸음이 경쾌했다. 종로의 어느 참치 전문점에서 축배를 들기 시작했다.

대학 동기 11명. 모두 즐겁게 웃고 떠들지만, 마음은 웃지 못하고 있는 동기가 몇 보인다. 위로가 통하지 않을 걸 알고 있었다. 얼마 전까지 나도 그

랬으니까. 취업한 동기들 사이에서 웃으며 축하의 말을 건네고, 집으로 돌아가는 길은 상대적 박탈감에 괴로웠던 내 모습이 떠올랐다. 언제 끝날지 모른다는 두려움을 떨쳐내고 앞으로 나아가는 일이 쉽지 않았다.

"다음 네 취업턱 때는 더 비싼 음식 먹을 거야."
"야, 늦게 취업하는 것도 서러운데 늦을수록 단가가 더 쎄지는 거야?"
"당연하지." 별다른 이유도 없이 당연한 거라며 동기들이 거들자, 욕의 빈도수가 늘어났다.
"늦을 때가 가장 빠를 때라고 하지만, 늦은 만큼 대가가 따르는 거야." 한 동기의 말이 머릿속을 맴돌았다.

'인생은 속도가 아니라 방향이라고 했다. 저마다 속도가 다를 뿐 방향이 옳다면 모두 정상에서 만날 수 있다. 정상이 아니면 어떻나. 과정이 즐거웠고 행복했으면 그만인 것을. 그런데 느림의 대가라니? 늦으면 손해 보는 것이 무엇이 있으려나. 경제 공부, 부동산 투자, 꿈을 향한 도전, 뭐 이런 것일까? 이것도 방향이 틀리면 더 큰 손해를 보는걸. 반대로 얘기하면 방향이 옳다면 속도에 따른 대가가 있겠네.' 동기의 말이 지금에 와서야 끄덕여졌다.

남의 경사에 진심을 담아 축하하는 일은 어렵다. 내가 행복해야 남의 행복을 진심으로 빌어줄 수 있는 법이다. 그런 이유로 어려운 처지에도 나누며 기뻐하는 사람을 존경한다.

취업전선에서 내게 축하를 건넨 친구들이 고마웠다. 술자리에서 위로 대신 농담으로 웃어넘겼지만, 속으로 응원했다. '비싼 음식 안 먹어도 좋으니까, 네가 만족할 수 있는 직장을 어서 구했으면

좋겠다.'

"어떻게 된 게 내려가도 되는 사람은 서울에 있고, 우리는 왜 다 내려갔냐."

대학 동기들의 부러움을 한 몸에 샀다. 시골에서 올라온 촌놈이 계속 서울에 남아 있고, 서울 출신인 친구들은 죄다 지방에서 근무했기 때문이다(대학원에 간 4명 제외). 큰 회사를 기준으로 반도체 회사는 경기도권에, 석유화학 회사는 여수, 울산, 서산에 있으므로 화학공학과의 운명은 비서울권 생활이 9할이었다.

연구직, 기술영업직, 건설사 설계직, 공공기관 취업이 그나마 서울에 남아 있는 방법인데, 채용 규모가 작고 경쟁이 치열했다. 우스갯소리로 연봉 2,000만 원을 덜 받아도 서울에 있고 싶다고 했다.

이공계를 나와서 정장을 입고 강남에 있는 빌딩에 출퇴근하는 느낌이란? '화이트칼라'에 대한 로망이 있는 사람이라면 모르겠으나 나에겐 별로 감흥이 없었다. 자동차를 일찍 구매할 필요가 없으니 빨리 돈을 모을 생각뿐이었다.

첫 출근. 회사 출입문은 드라마에서 볼 법한 회전문이었다. 근무하게 될 5층 공간에 들어서자 탁 트인 공간에 파티션이 드넓게 설치되어 있었다. 양쪽에 CEO실과 임원실이 있었고 사이에 12개 정도의 부서, 약 100명이 공간을 채우고 있었다.

여기저기 들려오는 대화 소리, 타자기 두드리는 소리, 분주히 움직이는 발걸음, 신입 사원으로서 낯설 법도 한데 그렇지 않았다. 익숙했다. 사무 아르바이트와 건설사 해외 근무 덕분이라고 생각했다. 회사에 적응하는 것은 걱정되지 않았는데, 두려운 건 따로 있었다. 신입 사원 환영회.

어딜 가나 첫인상이 중요하다. 한번 형성된 첫인상을 바꾸는데 최소 40시간이 필요하다는 말도 있지 않은가. 앞으로 회사생활의 향방을 가를지도 모르는 중요한 행사였다. 신입 사원 환영회는 총 3번이었다. 부서, 생산본부, CEO와 함께하는 전체 회식. 환영회의 규모가 커질수록 사전 준비를 철저히 해야 했는데, 핵심은 건배사였다.

9년 전의 일이라 또렷하게 기억이 안 난다. 확실한 건 배우처럼 적절한 대사와 3행시를 달달 외웠다. 두려움을 물리칠 수 있는 건 언제나 연습이었다. 실전에서 연기하듯 자연스럽게 나오도록. 건배사를 잘하면 그날의 분위기도 살리고 회사생활도 술술 풀릴 거로 생각했다. 다른 신입 동기에게 밀리지 않게 재미와 감동을 주는 건배사를 했다.

그것은 우리 부서의 자존심을 지키는 일이기도 했다. 이를테면 이렇다.

"사장님 이하 뛰어난 선배님들이 계신 이 자리에서 건배사를 하게 되어 큰 영광입니다. 선배님들께서 흘려온 땀이 있기에 지금의 회사가 있다고 생각합니다. 이제 들어온 신입 사원인 만큼 더 많은 땀을 흘리며 선배님들의 든든한 후배, 회사의 에이스로 거듭나도록 하겠습니다. 건배사는 미사일 삼행시로 준비했습니다. 삼행시가 끝나고 '미사일'을 선창하면 '발사'라고 후창 부탁드립니다."

"미" 모든 인원이 기대에 찬 목소리로 운을 띄워 주었다.

"미래를 위해"

"사"

"사랑을 위해"

"일"

"일을 위해. 미사일!"

"발사!"

다 같이 한잔 들이켰다. 옆에 있던 대리는 내게 엄지를 치켜세워 보여주고, 맞은편의 과장은 훌륭하다고 칭찬을 아끼지 않았다. 분위기는 한 층 더 살아났다.

"김 부장 자네 부서에 에이스가 들어왔구먼."

CEO에게 얘기를 들은 김 부장은 입에 미소를 띠었다. 상무이사 한 분이 내게 술을 따라주며 "자네는 꼭 나 신입 사원 때 모습을 보는 것 같아."라고 얘기를 건네기도 했다.

회식 문화를 싫어하는 사람이 건배사까지 하려면 곤욕일 수 있겠다. 그렇다고 신입 사원이 피해갈 수 있을까? '피할 수 없으면 즐기라.'라는 말처럼 이를 잘 이용해 큰 점수를 얻었으면 한다. 단, 만취해서 실수하거나, 다음 날 지각을 하면 안 된다.

회식 문화를 잘 이용한 덕분인지 몰라도 직장 동료의 사랑을 받으며 잘 적응할 수 있었다. 때론 업무 미숙으로 상사에게 혼나고, 경험이 없어 거래처로부터 무시당하기도 했다. 능력의 한계를 느꼈을 때 속상해서 남몰래 눈물을 훔친 적도 있었다. 그렇지만 그건 잠시일 뿐, 대부분의 생활은 즐거웠다. 극소수를 제외하고 내게 모두 우호적이었으며 일도 적성에 맞았기 때문이었다.

연애의 기회도 많아졌다. 취업 직후 2명을 만났고 오래 만날 확신이 서지 않자 빠르게 정리했다. 사랑하는 아내를 만난 건 우연이었을까 필연이었을까. 2017년 9월 군산에서 운명처럼 만난 그녀와 4년의 연애 끝에 결혼식을 올렸다.

'눈물의 간장계란밥'을 먹었던 취업 준비생이 백화점에서 쇼핑하고 강남역에서 술 마시는 직장인으로, 연애하고 결혼식을 올린 가장으로 변해 있었다. 한 끗 차이였다.

  살다 보면 당장 앞이 보이지 않을 때가 있다. 그럴 때 우리는 멈추지 말아야 한다. 주저앉았다면 다시 일어나자. 지금 할 수 있는 일을 하자. 앞으로 한 걸음 내딛는 작은 용기만 있으면 된다. 단 한 걸음 앞에 전혀 다른 세상이 기다리고 있을 테니 말이다.

인생 선택권,
서른한 살 회사원에게는 없다
아내와 아기는 편도 4시간 거리에 있습니다

"양대리가 군산 공장에 내려가 줘야겠어."

일방적 통보였다. 신혼여행 후에 한 달이 지난 시점이었다. 31살, 11년 만에 서울 생활의 마침표를 찍었다. 직장 다니는 아내와 뱃속 아이를 두고 홀로 군산으로 떠났다.

21년 8월, 바다를 끼고 형성된 공업단지의 공장들은 덥고 습한 열기를 내뿜고 있었다. 발령 난 부서는 생산팀, 직무는 용해로(고체 재료를 녹이는 통 모양의 가마) 관리였다. 본사에서 5년 동안 용해로 설계를 했는데, 직접 설계한 설비를 안정적으로 운영하고 현장 생산직원들을 관리하는 직무였다.

"3대가 덕을 쌓아야 주말부부를 할 수 있대."
"이론과 실무를 겸비한 엔지니어가 되겠군."
"한 살이라도 젊을 때 현장 경험을 쌓아두면 앞으로의 경력에 큰 도움이 될 거다."
틀리지 않은 말. 누구나 말할 수 있는 뻔한 위로. 진실 된 이야기를 숨긴 채 이렇게밖에 말할 수 없는 선배들을 이해했다. 머리로는.

왜 하필 지금이란 말인가? 결혼 직후 지방 발령을 내는 것이 이 회사의 조직 문화인가? 신혼생활은 둘째치고 임신한 아내를 보살피지 못한다는 점이 화가 났다.

  회사의 입장을 고려해 봤다. 책임자는 상황에 맞게 직원들을 적재적소에 배치해 성과를 내야 한다. 공과 사는 구분해야 하는 법. 직원의 가정까지 배려할 의무는 없다. 모든 회사가 마찬가지겠지. 이렇게 수긍하자 위로는커녕, 비참한 심정이 들었다. 하나의 인격체가 아닌 부속품일 뿐이란 걸 인정하는 꼴이었으니까. CEO를 꿈꾸며 회사에 충성을 다 하자는 내 마음에 균열이 생기기 시작했다.

  '회사는 나를 지켜주지 않는다. 그렇다면 스스로 지킬 수밖에 없겠구나.'

  통제할 수 없는 것에 신경 쓰고 시간을 낭비하는 것만큼 미련한 것은 없다. 현재에 집중하기로 했다. 싫은 내색을 하지 않고 업무에 집중했다. 내부 온도가 1,600도에 달하는 용해로 주변을 누비면서 땀을 쏟아냈다. 분노의 감정이 땀으로 함께 배출되길 바랐다.

 일은 일대로 회식은 회식대로(주 3~4회) 공장생활에 적응하기 위해 최선을 다했다. 텃세랍시고 상처를 주는 이들도 있었지만, 그릇이 그것밖에 안 되는 사람이라고 생각하며 털어냈다.

 평일은 군산, 주말은 서울이었다. 다녀온 횟수가 늘어날수록 아내의 배도 점차 불러왔다. 임신 6개월 차에 아내는 육아 휴직을 냈다. 그리곤 안정을 취할 수 있는 충북 제천 처가로 갔다. 남아 있는 서울 짐은 군산으로 가져왔다. 서울에서의 신혼생활은 허무하게 끝이 났다.

 상황이 이렇다고 마냥 슬픈 것은 아니었다. '인생은 원래 계획대로 흘러가지 않는 것'이라며 서로를 위로하고 짧은 만남의 시간에 행복을 찾는 우리였다. 서울 생활을 정리하자 마음이 한결 가벼웠다. 건강하게 아이가 태어난 후 밤낮을 가리기 시작하면 군산에서 함께 살 생각이었다.

임신 30주 차. 제천에 있는 산부인과에 정기검사를 받으러 갔다. 그날도 다른 날처럼 특별하지 않을 거라고 예상했다. 의사는 초음파 검사를 하더니 이내 안색이 굳어졌다.

"자궁 경부 길이가 1cm도 남지 않은 데다 아이가 거꾸로 있어요. 위급한 상황입니다. 당장 대학병원에 가세요."

"네?"

"제천에는 없으니 원주 세브란스 병원에 가세요. 응급실에 전화해 둘 테니, 지금 바로요."

만삭까지 10주가 남았으며, 아이의 몸무게는 1.5kg이 되지 않았다. 원주 세브란스 병원으로 가는 길. 아내를 지켜주지 못한 죄책감에 괴로웠다. 마음으로는 울었지만 약한 모습을 보일 수 없었다. "너무 걱정하지 마. 우리 아이 괜찮을 거야."라며 불안한 마음을 숨기고 속으로 간절히 빌었다. 아무 일 없기를.

아내는 고위험 산모 중환자실로 입원했다. 조산도 문제지만 아이가 거꾸로 있어 위험한 상황이라고 말했다. 늦지 않게 온 게 천만다행이었다. 자궁수축 억제제를 투여하기 시작했다. 슬픈 현실은 이런 상황임에도 곁에 있어 주지 못하고 군산으로 내려가야 한다는 것이었다.

'먹고 산다는 건 무엇일까? 사랑하는 사람을 지키기 위해 내가 할 수 있는 것은 무엇일까? 내 삶의 선택권, 내 시간의 주인이 되지 못한다는 건 참 슬픈 일이구나. 어떻게 하면 자유를 얻을 수 있을까?' 원주에서 군산으로 내려가는 4시간 동안 생각의 꼬리를 물며 나 자신에게 질문했다.

아내는 외로운 싸움을 해나갔다. 주말마다 그 모습을 지켜봐야만 했는데, 움직임을 최소화해야 하기에 제대로 씻지도 못해 수척해진 모습, 혹시나 조산할까 염려해 아이의 몸무게를 늘리려고 억지로 음식을 먹는 모습, 자궁 수축 억제제의 부작용으로 손발을 떠는 모습을 볼 때는 억장이 무너졌다.

노력하는 엄마의 마음을 아는지 아이는 잘 버텨주었다. 그렇게 입원 5주, 임신 35주 차가 되었다. 때는 22년 1월 9일. 아내에게 인사하고 군산으로 가려던 참이었다.

"자기야 간호사 선생님 좀 불러줘!" 화장실에 가던 아내의 다리 사이로 양수가 흘러 내려오고 있었다. 아이가 거꾸로 있는 상태였으므로 곧바로 제왕절개 수술실에 들어갔다.

19시 1분. 온 세상이 하얀 겨울날, 초조한 기다림 끝에 소중한 생명이 기적처럼 찾아왔다. 몸무게는 2.97kg. 정상범위였지만 예정일보다 한 달 빠른 조산인 탓에 인큐베이터에 들어갔다.

  아이와의 첫 대면에 이상한 점을 발견했다. 오랜 시간 뒤집혀 엉덩이가 끼어있던 탓이었을까. 오른쪽 다리가 머리를 향해 올라가 있었다. 검사를 받았더니 괜찮다고 했지만, 세상 밖으로 일찍 나오지 않기 위해 버텼을 아이를 생각하니 마음이 아팠다. 아내는 아이를 볼 때마다 눈물을 훔쳤다. 다리는 3일 뒤 완전하게 내려왔고 무사히 퇴원할 수 있었다.

  2주간의 육아 휴직 기간을 보냈다. 아내와 아이가 건강을 회복하는 모습을 보며 내 안에 있던 죄책감이 씻겨 내려가는 기분이었다. 가장 행복했던 순간을 보낸 뒤 아이와 아내를 두고 가려니 발이 쉽게 떨어지지 않았다.

"공장장님 무사히 잘 다녀왔습니다."

"양대리, 잠깐만 이야기 좀 하자." 공장장실로 들어오라 손짓했다.

"아이는 건강하게 잘 태어났지? 축하하네. 자네를 부른 이유는 이번에 조직개편을 할까 하는데, 양대리가 새로운 업무를 좀 맡아줘야겠어."

청천벽력 같은 소식이었다. 대학 전공과 경력을 벗어나 완전히 새로운 직무였다. 지금껏 근속 15년 이상 차장, 부장급에서 해오던 물류 파트장을 내게 해달라는 것이었다. 소속된 직원만 약 80명. 새로운 부서에서 적응하려면 다시 시작해야 했다. 인맥부터 업무까지. 아무리 빨라도 1년의 적응 시간이 필요해 보였다.

아내와 아이를 군산에 데려오는 것을 첫돌 이후로 미룰 수밖에 없었다. 하루가 다르게 성장하는 아이를 직접 볼 수 없다는 것은 몹시 슬픈 일이었다. 남들처럼 평범하게 신혼생활하고 함께 사는 것이 왜 이렇게 힘든 걸까. 회사는 왜 날 가만히 두지 않는 걸까. 이 질문의 답 대신 필요한 건 앞으로 우리 가족을 희생시키지 않을 방법을 찾는 것이었다.

만 7년 만의 사직서.
나는 다시 태어났다
읽고 쓰며 남까지 이롭게 하는 삶 속으로

 '에드워드 툴레인' 인형은 돌고 돌아 다시 집으로 돌아온다. 30년에 걸쳐 주인이 바뀌는 상실의 아픔을 겪으며 사랑을 깨닫는다. 〈에드워드 툴레인의 신기한 여행〉은 토끼 인형의 1인칭 관점에서 전개되는 어린이 동화다. 인생의 소중한 가치를 깨닫게 한다.

집 밖을 나가 다시 집으로 돌아오는 게 우리의 인생이라면, 그토록 바라던 꿈과 행복은 이미 우리 곁에 있는 게 아닐까.

회사에서 파트장이 되고 1년 동안 외로운 시간을 보내야만 했다. 겉으로는 능력을 인정받은 최연소 파트장일지 모르겠으나, 속은 곪아갔다. 가족들과의 시간을 희생시켜 능력을 키우는 꼴이었다. '그럴만한 가치가 있는 것일까?' 이 질문은 시시때때로 나를 괴롭혔다.

23년 1월, 딸의 돌잔치. 어느새 아이는 내 손을 잡고 걷고 있었다. 여력이 없다는 이유로 1~2주에 한 번씩 처가에 가서 얼굴을 비추던 나였다. 싫었다. 이제는 아이와 함께 걸어야겠다고 생각했다. 가족들을 제천으로 다시 돌려보내지 않았다.

인생의 암흑기였던 1년 7개월의 주말부부를 청

산했다. 아내와 아이와 함께 살게 되자 업무 외 불필요한 것을 거절할 명분이 생겼다. 미움받을 각오도 되어있었다. 야근이 싫어서 떠밀려 받는 듯한 업무를 거절했다. 주 3~4회 하던 회식도 거부했고, 주말 출근도 가능하면 하지 않았다. 주말에 제천에 가지 않으니 왕복 8시간이 확보되었고 몸도 덜 피곤했다.

남은 에너지는 모두 가족과 나 자신에게 투자했다. 시간이 남을 때면 닥치는 대로 책을 읽기 시작했다. 왜? 딸이 태어나면서 시작된 나를 향한 질문들의 답을 찾아야 했으니까.

내 삶의 선택권, 시간의 주인, 진정한 자유에 대한 갈망은 또 다른 질문으로 확장되었다. '내 꿈은 무엇일까? 내가 바라던 인생은? 나는 왜 이 지구에 태어났을까?' 이런 나에 대한 질문과 고뇌의 시간이 삶을 올바른 방향으로 이끈 진정한 고통이었다.

삶을 관통하는 질문에 답해줄 수 있는 친구는 책이 유일했다. 자기계발서, 경제경영, 인문학, 고전 스테디셀러 위주로 독서 하며 내 안에 갇힌 고정관념의 틀을 하나씩 벗겨내기 시작했다. 20년 동안 받아온 주입식 교육의 산물이 '말 잘 듣는 노동자의 삶'이란 걸 깨달았을 때는 통한의 눈물이 멈추지 않았다. 이제 나는 나로 살아가기로 했다.

나를 진정으로 알기 위해서 먼 과거로 여행을 떠나야만 했다. 사회의 통념이 지배하기 전의 내 모습으로. 나를 기쁘고 설레게 하는 일은 무엇이었을까?

어머니는 책을 참 좋아했다(지금도 여전히). 유년 시절 전래 동화를 항상 들려주었고, 글을 읽게 된 후로부터는 세계 문학과 위인전을 읽었다. 어머니도 곁에서 책을 읽었다. 〈어린 왕자〉, 〈빨간 머리 앤〉, 〈톰 소여의 모험〉, 〈톨스토이 단편선〉과 같은 작품과 함께 자랐다.

  중학생 때는 글쓰기에 대한 욕망을 키웠다. 책을 읽고 독후감을 쓰는 '글방'에 3년 동안 다니며 글쓰기를 배웠다. 연필로 원고지에 꾹꾹 눌려 쓰며 나만의 생각을 담는 맛을 그때 알게 되었다. 독후감 대회가 있을 때면 항상 내 손에 상장이 쥐어져 있었다.

  '문득' 기억났다. 그 기억은 나를 사유의 세계로 오래도록 붙들어놓았다. 고교 2학년 시절이었다. 전국 문예 백일장을 앞두고 있었다. 학교 대표를 선발하기 위해 1, 2학년을 대상으로 교내 글쓰기 경진 대회가 열렸다. 500명 중 100여 명이 참가했고, 단 두 명이 선발되었다. 그중 한 명이 나였다.

  백일장 당일에 광주로 향했다. 각 지역의 초, 중, 고 학생들 수백 명이 들판에 모였다. 덩그러니 앉아 있는 채로 글쓰기 주제와 원고지가 주어졌을 때는 장원급제를 위한 과거시험을 보는 것만 같았다.

"아아, 안내 말씀드립니다. 이번에 실시한…(중략) 2007년 안보홍보 학생 전국 문예 백일장에서 논술 부문 가작으로 입상하였습니다. 축하합니다. 상장과 부상 수여하러 교무실로 오세요."

교내방송으로 내 이름이 호명되었을 때 몹시 얼떨떨했다. 이번 백일장은 전국 각 지방 거점에서 열려 총 21,955점의 작품이 출품되어 심사를 받았고, 그중 54점이 우수작품으로 최종 선정되었다(2007.12.7. 전남조은뉴스 기사 발췌).

〈헨쇼 선생님께〉의 주인공 리 보츠는 존경하는 헨쇼 작가처럼 되는 게 꿈이었다. 헨쇼 작가는 작가가 되는 방법을 편지로 알려준다. 글을 많이 써야 하니 일기를 쓰라는 내용이었다. 초등학교 6학년 때 일기를 쓰기 시작했다. 글에 자신감이 생길 때쯤 교내 글쓰기 공모전이 열렸다. 결과는 가작. 리 보츠는 금, 은, 동이 아니라서 실망했다.

어느 날 학교에 심사위원 중 한 작가가 찾아온다. 작가가 꿈인 리 보츠에게 작가는 하늘과 같은 존재였을 테다. 수상한 학생들과 함께 식사하는 자리였다.

"아, 네가 바로 〈아빠 트럭을 탄 날〉을 쓴 작가구나! …(중략) 너는 다른 사람을 흉내 내지 않고 네 자신 그대로, 가장 너답게 글을 썼잖아. 그게 바로 네가 좋은 작가가 될 수 있다는 증거야."

심사위원은 저마다 생각이 다른데, 찾아온 작가는 리 보츠의 글이 가장 좋았다는 말을 남긴다. 작가에게 작가로 불렸을 때의 희열이 고스란히 전달되었다. 꿈을 이루는 순간이었다.

리 보츠는 꿈이 작가였고, 내 꿈은 대기업 취업

이었을까? 꿈을 찾기 위해 고교 2학년 이후 16년 만에 다시 책과 펜을 잡았다. 지금의 생각과 감정을 어딘가에 흔적으로 남기고 싶어서였다. 흔적이 쌓일수록 나는 다른 사람이 되어갔다. 오래 걸리지 않았다. 내 꿈을 깨닫기까지.

23년 7월 20일 새벽에 떠난 생각 여행은 과거에서 멈추지 않았다. 미래에 대한 상상으로 거침없이 달려갔다. 정상이 보이지 않는 굽이지고 험한 산길. 힘겹게 올라갔을 때 내 앞에 기다리고 있는 것은 무엇이었을까? 회사의 CEO, 부와 명예? 아니. 그곳엔 소중한 사람들과 행복만이 존재했다.

나는 내 이름처럼 세상을 빛나고 이롭게 하는 존재가 되고 싶었다. 그 순간 내 안의 무언가가 꿈틀거렸다. 너무도 강렬하고 두근거려 잠을 이루지 못했다. 누워있는 채로 날이 밝았다. 피곤하지 않았다. 오히려 가슴에 환희로 가득 차 있었다.

아내에게 얘기했다. 날 믿어 달라고. 내가 하고 싶은 일을 일 년 동안 해보고 길이 보이지 않으면 포기하겠다고. 혹여 잘못되더라도 무슨 일이든 밑바닥부터 다시 시작할 각오가 되어있었다. 아내와 아이를 위해서.

그날 출근한 즉시 사직서를 써서 제출했다. 나를 가두고 있던 세계는 이미 내게 없었다. 산산조각을 내어 허공에 던져버렸다. 그렇게 나는 다시 태어났다.

'너의 일을 하면서 사회를 빛낼 수 있는 일은 많아. 그리고 넌 책을 읽고 글을 쓰는 것을 좋아했어. 글을 통해 인생을 말하고 누군가에게 꿈과 희망을 전달하는 건 어때? 사회적 통념은 벗어 던져. 이제는 마음이 움직이는 대로 행동해. 인생은 단 한 번 뿐이야.' 내면의 목소리를 들을 수 있었다.

꿈은 칠흑 같은 밤하늘의 닿을 수 없는 곳에 있는 별과 같은 존재라고 생각했다. 전혀 아니었다. '에드워드 툴레인' 인형처럼 먼 길을 돌아왔다. 내가 찾던 꿈과 내 존재 이유는 지금 여기에 있다. 꿈은 이미 내 안에 있었다.

푸른봄

지은이 | 양모이
이메일 | ant5411@naver.com
발행처 | 도서출판 진포
발행일 | 2025년 2월 21일

ISBN | 979-11-93403-33-4

인　쇄 | 진포인쇄
주　소 | 전북특별자치도 군산시 팔마로4
전　화 | 063)471-1318

정가 14,500원

ⓒ 푸른봄
본 책은 저작자의 지적 재산으로서 무단 전재와 복제를 금합니다.